아무리 바빠도
아버지 노릇은 해야지요

일하는 아버지가 쓴 자녀 교육 이야기

아무리 바빠도
아버지 노릇은 해야지요

서정홍

보리

머리말

다시, 아버지 자리에 서서

　십 년 전이나 지금이나 늘 바쁘게 살아가는 아버지들을 보면 가슴이 아픕니다. '저러다가 덜컥 병이라도 얻으면 남은 식구들은 어찌 살라고?' 혼자서 이런저런 생각을 하다가 문득 돌아가신 어머니 얼굴이 떠올랐습니다.
　먹을 게 모자라서 굶기를 밥 먹듯이 하던 어린 시절, 텃밭에서 상추, 열무, 쑥갓, 부추 들이 자라면 조금씩 뽑아서 가까운 이웃들과 나누어 먹던 어머니. 가진 게 없어도 마음은 늘 부자로 사셨던 어머니를 생각하면 마음이 따뜻해지고 넉넉해집니다.
　혼인하고 이십 년이 지나도록 셋방살이 벗어나지 못하고 살면서도 이렇게 행복하게 살 수 있는 까닭은 어머니 아버지가 제게 물려준 '가난'이라는 유산 때문입니다. '내가 스스로 가난하게 살아야 모든 이들이 넉넉하게 살 수 있다.'는 것을 어머니는 온몸으로 가르쳐 주셨으니까요.
　이 책에 실린 글은 어머니, 아버지가 살았을 적에 제게 들려주신 이야기들입니다. 형제끼리 다투지 말고 잘 지내야 한다고, 이웃과 다투는 사람은 어디 가더라도 사람 대접받지 못한다고 한두 끼 굶고 살더라도 죄짓지 말고 살아야 한다고……. 평범한 그 말씀 한 마디 한 마디가 저를 여기까지 이끌어 왔습니다.

이 책이 세상에 처음 나왔을 때, 만나는 아버지들마다 제게 물었습니다.

"먹고살기 바쁜데 아버지 노릇 제대로 할 시간이 어디 있어요? 일 마치고 집에 돌아오면 피곤해서 손도 꼼짝하기 싫은데."

다들 그렇게만 생각하고 쉽게 포기하니까, 아버지 노릇을 제대로 하기가 힘든 겁니다. 아이들이 다 자라고 난 뒤에 뉘우쳐 봐야 아무 소용이 없어요. 아이들에게 베풀 시간이 얼마 남지 않았다는 것을 느낄 때면 이미 아이들은 제 품을 떠나 있을 테니까요.

저는 아이들한테 하도 미안해서 이 글을 썼습니다. 저도 워낙 바쁘게 살다 보니까 마음만 시끄러웠지 아이들에게 좋은 아버지 노릇은 못 했으니까요.

예전에는 바쁘게 살아야 제대로 사는 것인 줄 알았습니다. 그런데 아이들이 옥수수 자라듯 쑥쑥 자라고 나니 내 모습이 초라해 보였어요. 어릴 때는 같이 놀자고 만날 조르더니, 어느 새 보니까 나보다 친

구들을 더 좋아하고 나보다 더 바쁘게 살고 있지 않겠어요? 이제는 아버지 노릇 좀 제대로 해 보고 싶어도 할 수가 없어요.

그래서 《아무리 바빠도 아버지 노릇은 해야지요》를 다시 내야겠다고 생각하게 됐습니다. 1996년에 처음 펴냈던 책 내용을 제 삶과 시대 흐름에 따라 고치고 다듬었지요. 새로 쓴 글이 절반이 넘습니다. '나는 너무 바빠서 도저히 아버지 노릇을 할 수 없다.'고 생각하는 분들이나 '어떻게 하면 아버지 노릇을 조금 더 잘 할 수 있을까?' 하고 고민하는 분들에게 이 책이 작은 도움이라도 될 수 있으면 좋겠습니다.

세월이 흐른 뒤 우리 아이들에게 "세상에서 가장 존경하는 사람이 누구냐?" 하고 물었을 때, "우리 아버지요!" 하고 대답할 수 있도록, 하루하루 기쁘고 귀하게 아이들을 만나시기를 바랍니다.

2004년 10월
서정홍

차례

머리말 다시, 아버지 자리에 서서 5

1부 아무리 바빠도 아버지 노릇은 해야지요

오늘은 생각하고 매는 내일 들자 15 ■ 내 꿈은 택시 기사 16 ■ 아이들이 가끔 지갑에 손을 대나요? 17 ■ 겨울에는 아이들과 한방에서 18 ■ 날마다 새해 첫날처럼 19 ■ 땀 흘리는 여름 휴가 21 ■ 사람은 사람을 좋아해야 해요 22 ■ 30분 동안 아이들과 함께 할 만한 일 23 ■ 아버지는 머리 따로 몸 따로 24 ■ 어유! 또 할머니 잔소리 25 ■ 방학에는 아이들과 함께 봉사 활동을 25 ■ 하기 싫은 일도 식구를 위해서라면 26 ■ 소풍 가는 날 아침에 28 ■ 태종대 돌멩이 29 ■ 온 식구가 영화 보는 날 31 ■ 텔레비전 안 보는 날 31 ■ 지리산에 오르면서 33 ■ 웃을 때는 바보처럼 크게 웃으세요 33 ■ 만나는 이마다 내 스승인 것을 35 ■ 스승의 날에는 편지 한 장을 36 ■ 가족 회의 37 ■ 가족 회의 때 나눌 이야기 38 ■ 다음 가족 회의 때까지 기다려 주세요 40 ■ 손으로 쓴 명언 41 ■ 온 가족이 쓰는 가계부 42 ■ 함께 보고 싶은 잡지 43 ■ 진짜 좋은 시 44 ■ 어린이 신문 〈굴렁쇠〉는 꼭 보세요 47 ■ 겨레를 살리는 우리말 공부 49 ■ 책을 읽을 때는 50 ■ 이런 영화 어때요? 51 ■ 용돈을 줄 때는 52 ■ 형제끼리 싸울 때는 53 ■ 부부 싸움은 밖에서 55 ■ 아버지를 선생님이라 불러라 55 ■ 자주 안아 주세요 56 ■ 아이들 글쓰기는 편지 쓰기부터 57 ■ 가훈 58

2부 나무가 소리 없이 자라듯이

가난이 우리 아이들을 잘 키웠어요 63 ■ 아저씨, 집 하나 사 주세요 64 ■ 무엇을 사 줄 때는 65 ■ 돈 귀한 줄 알아야 66 ■ 모두가 어른들 잘못 66 ■ 간디 학교에서 희망을 보았다 67 ■ 나무가 소리 없이 자라듯이 68 ■ 야, 저기 통닭 걸어간다! 69 ■ 수학여행 가서 술 마시는 아이들 70 ■ 아이가 돈을 뺏기고 왔어요 71 ■ 돈을 빌려 줄 때는 72 ■ 친구를 잘 사귀고픈 아들을 위해 73 ■ 똥 눌 때 신문 보지 마세요 75 ■ 스스로 일어날 수 있도록 76 ▪ 두 번이나 읽고 울었대요 77 ▪ 책방으로 소풍 가자 78 ▪ 풀꽃 이름 몇 개나 아나요? 79 ▪ 아이가 말없이 늦게 들어오면 80 ▪ 공부에서 놓여나고 싶어요 81 ▪ 아이들의 자존심 83 ▪ 해인이는 오늘 하늘을 처음 봐요 84 ▪ 돈과 컴퓨터가 제일인 아이들 85 ▪ 전쟁이 얼마나 무서운 것인가 86 ▪ 아이들 마음이 닫혀 있을 때 87 ▪ 공부보다 먼저인 것들 88

3부 아버지는 아들의 거울

제 먹을 밥은 챙길 줄 알아야 91 ▪ 영환이는 어른들을 못 믿는대요 92 ▪ 엄마, 걸어다녀야 건강해진대요 93 ▪ 은빈이가 가출한 까닭 94 ▪ 아버지, 시인 맞아요? 95 ▪ 어른인 게 부끄러워요 96 ▪ 아버지는 아무나 되나요? 97 ▪ 운전대만 잡으면 98 ▪ 아버지는 하숙생? 99 ▪ 밥 빨리 달라고 하지 마세요 100 ▪ 아이들에게 생색내고 싶을 때 101 ▪ 내 어릴 적에는 말이야 102 ▪ 도시락을 싸 가지고 다니는 아버지 102 ▪ 나는 아버지같이 될 거예요 104

4부 하늘이 내려 준 밥

아버지, 오줌 누실래요? 109 ▪ 버스를 기다리면서 110 ▪ 음식 귀한 줄 알아야 111 ▪ 외식할 때는 112 ▪ 가끔은 돌 씹히는 밥도 먹자 113 ▪ 하늘이 내려 준 밥 114 ▪ 밥을 맛있게 지으려면 115 ▪ 김치와 된장 117 ▪ 밥상에 반찬 세 가지만 118 ▪ 아이를 어떻게 살찌우세요? 119 ▪ 과일도 제철을 헷갈리겠지요 120 ▪ 알맞게 먹으면 의사도 필요 없어요 121 ▪ 목숨 가진 모든 것들에게 축복을 122 ▪ 채식을 해야 하는 까닭 123 ▪ 평생 소나무 237그루를 죽이고 126 ▪ 나락 한 알 속에 127 ▪ 농촌과 도시를 이어 주는 '생명 공동체 운동' 129

5부 지금 우리가 사는 세상은

간디의 건강 철학 133 ▪ 정전되던 날 134 ▪ 작은 것이 아름답다 135 ▪ 아버지다운 아버지, 내 아우 순철이 136 ▪ 약을 팔지 않으려는 약사 선생님 137 ▪ 진짜 아버지, 김용석 씨 138 ▪ 가수 레나 마리아 139 ▪ 갈수록 뼈가 약해지는 아이들 140 ▪ 아이가 농부가 되겠다고 하면 잔치를 142 ▪ 아이들에게 스승을 찾아 주어야 143 ▪ 휴대전화 1,290만 대 144 ▪ 쓰레기 문화를 없애려면 145 ▪ 행복하게 잘사이소 146 ▪ 밥 먹듯 질서를 지켜 봐요 147 ▪ 내 자식이었다면 148 ▪ 장애인도 우리 이웃이에요 148 ▪ 시장 사람들을 만나면 150 ▪ 후원금 내기도 쉬워졌는데 151 ▪ 축구공을 만드는 파키스탄 어린이들 153 ▪ 밸런타인데이와 장미 농장 노동자 153 ▪ 철학? 밥 빌어먹기 딱 좋다 154 ▪ 일하면서 얻는 기쁨 156 ▪ 잡초는 없다 157 ▪ 시를 쓰게 해 준 동무 158 ▪ 강한순 할머니가 쓴 편지 159 ▪ 어리석은 희망 160 ▪ 비난을 두려워하지 말고 162 ▪ 말로 싸워야 한다 163 ▪ 자동차만 보면 163 ▪ 돈을 깨끗이 쓰는 것만으로도 164

6부 아들에게 주는 편지

아들에게 미리 쓰는 유서 169 ▪ 네가 자라서 농부가 된다면 171 ▪ 외상은 안 돼! 172 ▪ 승차권 판매소 173 ▪ 공부에는 아름다운 목적이 있어야 해 175 ▪ 지갑 속의 돈, 빛이 되는 돈 176 ▪ 부러진 바늘 하나에도 177 ▪ 거울을 자주 보면 178 ▪ 부끄러운 비밀은 179 ▪ 그래, 우리 시인이 되자꾸나 180

1부
아무리 바빠도 아버지 노릇은 해야지요

아이들이 중학생만 되어도 아버지보다
친구를 더 좋아하기 때문에, 그 때는 아버지가 사랑을
베풀고 싶어도 이미 때가 늦었다는 생각이 들 거예요.
세상 모든 일에는 때가 있는 법이지요.
아이들에게 베풀 수 있을 때 마음껏 베풀어야 해요.
좋은 아버지는 '특별한' 일을 하는 사람이 아니라
'평범한' 일을 하는 사람이에요.

■ 오늘은 생각하고 매는 내일 들자

용돈만 주면 토요일 일요일 내내 오락실에 박혀 있는 큰아들 녀석을, 아무리 타이르고 나무라도 나쁜 버릇을 고칠 수가 없었어요. 드디어 학원 간다 해 놓고 가지도 않고, 학원비 낼 돈으로 오락실에 간 것을 알고는 참다참다 매를 든 적이 있어요. 종아리에 피멍이 든 아들녀석을 보면서 밤새 마음이 아팠어요.

한 해가 지나고 새해 첫날, 막내아들 녀석이 가족 회의 때 이렇게 말하더군요.

"아버지, 형아 지난 해 아버지한테 종아리 맞고 그 뒤로 한 번도 오락실 안 갔어요."

그 말을 듣고 '사랑의 매는 필요하구나.' 느끼면서도 지금도 후회하고 있어요. 왜냐면 매를 들지 않고 아이의 마음을 다스리지 못했기 때문이에요. 매를 들고 싶은 아버지들에게 "오늘 생각해서 내일 매를 들라."고 말하고 싶습니다.

옛 어른들은 아이들의 나쁜 버릇을 고치기 위해 매를 헝겊에 싸서 높은 곳에 두었대요. 아이들이 거짓말을 하거나 나쁜 짓을 해서 매로 다스려야겠다고 마음먹었을 때도 감정이 섞이지 않도록 애를 썼대요. 매를 높은 곳에 둔 까닭은 일어서면서 화를 삭이기 위해서고, 매를 헝겊에 싸 둔 까닭은 헝겊을 벗기면서 또 화를 삭이기 위해서래요. 옛 어른들의 슬기를 어찌 감탄만 할 일인지……. 우리도 배워야지요. 그리고 실천해야지요.

아무리 생각해도 아이에게 꼭 매를 들어야겠다 싶을 때는 아버지와 어머니가 의논해서 결정하세요. 매를 들 때는 왜 매를 맞아야 하는지 아이가 알아들을 수 있는 가장 쉬운 말로 말해 주세요. 매한 대에는 아버지와 어머니의 피눈물이 들어 있어야 해요. 왜냐면 아이들을 잘못 가르친 부모 탓이니까요.

  만일 아이가 큰 잘못을 저질렀다 하더라도 손으로 때리거나 발로 차거나 빗자루, 파리채, 책, 아무거나 손에 잡히는 대로 집어던지고 때린다면 이것은 폭력이지요. 손이나 발로 때리고 차면 화난 감정이 그대로 전달되니 살인 행위라 해도 지나친 말이 아닐 거예요. 사람이 아무리 화가 난다 해도 그것을 제대로 참지 못하면 한평생 뉘우칠 일들이 얼마나 많은지, 신문에 실린 사건들을 보면 쉽게 느낄 수 있어요. 자기의 감정을 제대로 참지 못해서 일어나는 살인, 강간, 강도 사건들을 보세요. 아이들을 함부로 때리는 부모는 이런 사람들과 다를 게 없어요.

  만일 아이를 정말 때려야 할 때는 종아리를 때리도록 하세요. 화난 감정이 섞이지 않고, 아이를 정말 사랑하기 때문이라면 그 때 매를 드세요.

■ 내 꿈은 택시 기사

  꿈을 가진 사람은 어떤 어려움이 닥쳐와도 행복하게 살 수 있어요. 아이들에게 꿈을 가지게 해 주세요. 아이들 성격이나 소질에 맞는 꿈이라면 더 좋겠지요. "자라서 택시 기사가 되고 싶다."는 아이에게 아버지가 뭐 하시는 분이냐고 물었더니 택시 기사라고 하더군요. 아버지가 집에서 얼마나 좋은 모습을 보였으면 아버지처럼 택시 기사가 된다고 했을까요?

  아버지가 일은 제대로 하지 않고 노름을 하고 술이나 마시면서 식구들에게 행패를 부렸다면, '택시 기사가 되면 다 저렇게 사는가 보다.' 싶어서 다른 꿈을 가졌겠지요. 이 아이는 지금도 아버지를 존경하는 마음이 옥수수처럼 쑥쑥 자라고 있으리라 믿어요.

꿈이라는 것이 대통령, 장관, 박사, 의사, 약사, 판사, 검사, 교사가 되는 것만은 아니에요. 누구나 이룰 수도 없으니까요. 사람마다 핏줄이 다르고 천성이 다르고 성격과 성장 과정이 다르기 때문에 꿈도 다를 거예요.

이렇게 아이들마다 꿈이 달라야 하는데도 꿈이 비슷해요. 비슷한 꿈은 아이들 꿈이 아니라 어른들 꿈을 아이들 머릿속에 심어 놓은 것이지요. 아이들이 아이들다운 꿈을 가질 수 있도록 부모들부터 '진짜 꿈'을 가져야 해요. 가난하고 조금 불편하게 살더라도 이웃들과 함께 자연을 지키고 가꾸면서 행복하게 사는 꿈을…….

■ 아이들이 가끔 지갑에 손을 대나요?

일을 마치고 집으로 돌아오면 지갑이 든 겉옷을 벗어서 옷걸이에 걸어 두지요. 그런데 어느 날부터 지갑에 있던 돈이 가끔 없어지는 것 같았어요. 그래서 돈을 헤아려 놓았어요. 잘 알지도 못하면서 아이들을 의심하면 안 되니까요. 어떤 날은 천 원, 어떤 날은 2천 원이 없어지는 걸 알고부터 아내와 의논하여 지갑을 숨겨 두기로 했어요. 그리고 열흘쯤 뒤, 가족 회의를 열었어요.

용돈 올려 주기, 신발 사 주기, 여름 휴가 계획 들이 안건으로 올라왔길래 먼저 처리하고, 하고 싶은 말을 서로 나누는 시간에 조용하게 말했어요.

"아버지 지갑에 가끔 돈이 모자라는데 누구 짓일까? 도깨비가 와서 장난을 쳤을까? 아니면 도둑이 들어왔을까? 어쩌면 좋을까?" 하고 물었더니, 큰아들 녀석이 펑펑 울면서 잘못했다고 하더군요. 화내지 않고 조건 없이 용서해 줄 거라는 아버지의 말을 믿고, 솔직하게 잘못을 뉘우치는 아들녀석을 보니 참 기뻤어요. 꽉 막혔던 속이 싹 내려가는 기분이 들더군요. 화를 내고 매를 댔더라면 아이 마음이 어땠을까요? 따지고 보면 지갑을 아무 데나 둔 내 잘못이 가장 큰데…….

아이들이 어떤 행동을 하더라도 실망하지 말고 늘 변함 없는 사랑을 베풀어 주세요. 사람은 사람이 베푸는 따뜻한 정으로 사람이 될 수 있으니까요.

■ 겨울에는 아이들과 한방에서

추운 겨울에는 사람이 그립고, 사람이 그리운 만큼 따뜻한 방이 그립지요. 밖에 나갔다가 집에 들어오면 '아, 사람 사는 게 이런 것이구나.' 싶을 정도로 편안함과 아늑함을 느끼게 되지요. 그런데 겨울은 난방비가 많이 들어가는 철이지요. 그래서 아이들과 의논을 했어요. "얘들아, 겨울철에는 우리 방에 와서 함께 자면 어떻겠노?" 하고 물었더니 조금 컸다고 같이 자지 않으려고 하더군요.

그래서 왜 같이 자는 게 좋은지 이야기해 주었지요. 나이가 들어서 부모와 한방에 자는 것도 아름다운 추억이 되고, 난방비도 줄일 수 있고, 환경을 살리는 데도 큰 도움이 된다고 했지요. 그랬더니 "아버지, 그럼 며칠만 같이 자 보고 생각해 볼게요." 하더군요.

그리고 거실에 들어오는 난방 스위치는 껐어요. 텔레비전이 거실에 있으니 거실이 따뜻하면 텔레비전도 오래 보게 되거든요. 안 봐도 될 프로그램까지 다 볼 때도 있고요. 거실이 차면 옷을 따뜻하게 입고 나와서 꼭 자기가 봐야 할 프로그램만 보고 들어갈 테니 이래저래 살림살이에 도움이 되고, 아이들에게 검소하게 사는 모습을 몸으로 보여 주게 되겠지요. 그리고 무엇보다 좋은 것은 식구들이 가끔 한방에서 잠을 자면, 밤새 식구들의 따뜻한 체온과 숨결 속에서 참 행복이 무엇인지 서로 느끼게 된답니다.

■ 날마다 새해 첫날처럼

새해 첫날, 아이들 손을 잡고 해돋이 보러 가 보세요. 아이들과 서로 의논하여 장소를 정하고 계획을 미리 세워 두는 게 좋겠지요. 이웃이나 친척과 함께 갈 것인지, 우리 식구만 갈 것인지, 준비할 것은 없는지……. 아이들이 필요한 것은 자기 스스로 챙기도록 하세요.

먼 곳이나 이름난 곳이 아니라도 좋아요. 가까운 뒷산이나 바다에도 얼마든지 좋은 곳이 많답니다. 떠오르는 해를 바라보면서 가슴에 맺힌 응어리가 있으면 다 털어 버리고, 계획만 잔뜩 세워 놓고 이루지 못했던 일은 없는지 꼼꼼하게 살펴서 자신을 뒤돌아보세요.

서로 가진 생각을 나누고, 식구들 모두 새해 계획을 잘 세워서, 집에 돌아오거든 거실이나 책상 앞에 붙여 두는 것도 좋겠지요. 한 집안의 가장으로서 한 해를 보내느라 힘겨웠지요? 식구들에게 말하지 못하는 고민들도 있겠지요? 오늘만큼은 다 잊어버리세요. 새해 첫날, 식구들에게 아름다운 추억을 심어 주세요. 사람은 추억을 먹고산대요. 아름다운 추억이 있어야 아름답게 살 수 있으니까요.

좋은 영화와 비디오를 보고 토론하기, 들꽃과 들풀 관찰하기, 가까운 농촌이나 사회 복지 단체 일손 돕기, 자전거 타고 문화 유산 둘러보기, 할머니께 편지 쓰기, 이웃집 초대하여 햅쌀로 지은 밥 나누어 먹기, 한 주일에 한 번씩 가족 회의하기, 일찍 일어나서 아침 운동하기, 담배 끊기…….
새해를 맞으면서 이런저런 알찬 계획을 세우고 실천하기 위해 다짐했던 기억이 나요. 그런데 벌써 여름이 가고 가을이 왔어요. 맨날 피곤하다는 핑계로 쉬는 날이면 빈둥빈둥 늦잠이나 자고, 아이들과 어디어디 가자고 약속해 놓고도 언제 그랬느냐는 듯이 까마득히 잊어버리고. 가만히 뒤돌아보니 지난 해고 올해고 계획만 번듯하게 세웠지 제대로 실천한 게 없어 아이들한테 참 미안하다는 생각이 들어요. 한 달에 하루라도 아이들과 함께 보냈더라면 이렇게 후회하지는 않을 텐데.
오늘이 새해 첫날이라 여기고 다시 다짐을 해야겠어요. 아이들은 사랑하는 것만으로 부족하대요. 사랑받고 있다는 것을 스스로 느낄 수 있도록 해야 한대요. 누군가에게 사랑받고 있다는 것을 느끼고 사는 사람은, 아무리 어려운 일을 겪더라도 스스로 일어날 수 있는 힘이 솟아오른답니다.

■ 땀 흘리는 여름 휴가

보통 한 해에 한 번 있는 여름 휴가는 어떻게 계획하고 있는지요? 조용한 골짜기나 바닷가에서 보내고 싶겠지요? 아버지 마음대로 정하지 말고 아이들과 한 달쯤 앞에 미리 의논해 보세요. 한 달 뒤에 식구들과 함께 휴가 갈 생각에, 그 때부터 아이들 마음은 기쁨에 들떠 있을 거예요.

조금 편하게 민박을 하는 것도 좋겠지만, 힘들고 불편하더라도 텐트를 가지고 가세요. 준비물은 아이들에게 적으라고 하세요. 사진기, 필름, 응급 치료약, 모자, 수건, 속옷, 쓰레기봉투, 칫솔, 소금, 돗자리, 이것저것 빠뜨리지 않도록 하세요.

아이들과 집을 떠나서 이렇게 긴 시간을 함께할 수 있는 기회가 자주 있으면 좋겠지만 마음대로 안 되는 게 우리네 삶이지요. 그러니 휴가 때에는 여태 못다 한 아버지의 좋은 모습을 마음껏 보여 주세요. 아이들과 함께 밥도 짓고 반찬도 만들어 보세요. 집 밖에 나오면 남자가 다 한다고 하지요. 그러니 아내에게 맡기지 마시고 서로 할 일을 정해 보세요. 살아 있는 교육, 열린 교육이란 것이 따로 있는 게 아니라 이런 곳에 있는 것이 아닐까요?

그리고 해마다 골짜기나 바닷가로 놀러 갈 것이 아니라 몇 년에 한 번쯤은 농촌 일손 돕기를 하는 것도 좋겠어요. 아이들이 떼를 쓰고 싫어할지 모르니 이번 휴가 때, 미리 이야기하세요.

"얘들아, 다음 휴가 때는 아버지랑 농촌 일손 돕기 하는 게 어떻겠니? 지금도 들녘에는 농부들이 땡볕 아래에서 땀 흘리며 일을 하는데, 해마다 놀러만 다니니까 미안하다는 생각이 드네. 며칠 전에도 농촌에 일손이 모자란다고 뉴스에 나오던데……."

아이들이 땀 흘려 일할 때는 힘들겠지만, 세월이 지나 어른이 되면 아버지의 좋은 생각과 실천이 좋은 교훈이 되리라 믿어요.

■ 사람은 사람을 좋아해야 해요

가끔 사람을 만나서 함께 밥을 먹어야 할 때가 있지요. 식당에서 밥을 먹는 것이 서로 편할 때도 있지만, 집에서 대접해야 할 때도 있어요. 만나는 사람이 누구든지, 될 수 있으면 집에서 정성껏 차려서 나누어 먹으면 음식 쓰레기도 줄이고, 생활비도 줄일 수 있어요. 그리고 집에서 밥을 나누어 먹으면 돈으로 살 수 없는 따뜻한 정이 방 안을 가득 메울 테니까요.

만일 집으로 손님을 초대하여 밥을 나누어 먹어야겠다는 생각이 들면, 미리 식구들에게 알려야 해요. 마땅히 아이들에게도 알려야 하지요. 한 식구니까요. 아버지라고 마음대로 손님을 초대해도 된다는 생각은 버려야 해요. 아내나 아이들도 계획이 있으니까요.

손님을 초대하기로 결정했으면, 손님을 맞이하기 위한 준비도 함께 하면 좋겠어요. 방도 치우고, 아무 데나 벗어 놓은 옷들도 제자리에 걸고, 촛불도 켜고, 잔잔한 음악도 틀고, 꽃도 한두 송이 꽂아 두고, 음식은 무엇을 할 것인지 의논하여 함께 만들어 보세요.

사람이 사람을 만나는 일은 이 세상에서 가장 소중하고 아름다운 일이에요. 그러니 찾아온 손님들이 편하게 쉬었다 갈 수 있도록 온 마음을 다해야 하는 것이지요. 귀한 틈을 내어 우리 집을 찾아 준 것만 해도 고마운 일이니까요.

사람을 귀하게 여기는 아버지를 보고 자라는 아이들은, 아버지처럼 사람을 귀하게 여기겠지요. 사람은 사람을 좋아해야 해요. 사람을 좋아하면 사람이 귀하게 보일 것이고, 사람을 귀하게 여기는 사람은 미워하는 마음이 일어나지 않을 테니까요.

■ 30분 동안 아이들과 함께 할 만한 일

요즈음 도시에 사는 아버지들은 집에서 아이들과 이야기를 나누는 시간이 얼마나 될까요? 사람이나 직업에 따라 조금씩 다르겠지만 잠자는 시간, 밥 먹고, 씻고, 챙기는 시간까지 빼고 나면 30분도 채 안 되지 않을까요? 그만큼 도시의 삶이 식구들을 갈라놓는 까닭이지요. 30분도 채 안 되는 시간이지만, 마음만 먹으면 세 시간보다 더 알차게 보낼 수 있는 일을 함께 살펴볼까요?

할머니, 할아버지께 편지 쓰기, 마주 보고 얼굴 그리기, 음식 만들기, 사진첩 정리하기, 집 안 정리 정돈하기, 바둑이나 장기 두기, 컴퓨터 배우기, 전자 제품 손질하기, 끝말 잇기, 낱말 받아쓰기, 낱말 풀이하기, 속담 배우기, 높임말과 낮춤말 배우기, 수수께끼 맞히기, 옛 이야기 들려주기, 전화 받고 거는 법 배우기, 용돈 관리하는 법 배우기, 건강 상식 배우기, 우리말 배우기, 윗몸 일으키기, 팔씨름하기, 주제 정해서 발표하기, 환경이나 농촌 문제 토론하기, 이웃이나 친구의 좋은 점 말하기, 위인들의 삶이나 역사 이야기 들려주기, 화분 관리하기, 쌍안경으로 별자리 익히기, 다리미질과 바느질 배우기, 과일 깎는 법 배우기, 산책하기, 자전거 타기, 줄넘기, 제기차기…….

이 밖에도 아이들과 함께 할 만한 일들이 많아요. 이런 일들은

30분 남짓 시간만 내면 누구든지 할 수 있는 일이랍니다. 아이들이 중학생만 되어도 아버지보다 친구를 더 좋아하기 때문에, 그 때는 아버지가 사랑을 베풀고 싶어도 이미 때가 늦었다는 생각이 들 거예요. 세상 모든 일에는 때가 있는 법이지요. 아이들에게 베풀 수 있을 때 마음껏 베풀어야 해요. 좋은 아버지는 '특별한' 일을 하는 사람이 아니라 '평범한' 일을 하는 사람이에요.

■ 아버지는 머리 따로 몸 따로

나는 여태 이런 아버지였어요. 아이들이 밥 먹다가 밥알 흘리면 "다 큰 녀석이 밥도 제대로 못 먹느냐?"고 야단을 쳤고, 아이들이 방바닥에 물을 쏟으면 "두 눈 뜨고 무얼 보고 다니느냐?"고 짜증을 냈어요. 아이들 성적이 오르지 않으면 "뼈빠지게 일해서 학교 보냈더니 공부도 제대로 못 하고 밥이나 축낸다."고 윽박질렀고, 아이들이 신발을 구겨 신으면 "어디서 그 따위 버릇을 배웠느냐?"고 큰 소리를 질러 댔어요. 아이들이 비스듬히 드러누워 텔레비전을 보고 있으면 "이 녀석, 똑바로 앉지 못하느냐?"고 잔소리를 늘어놓던 못된 아버지였지요.

내가 밥 먹다가 밥알 흘리면, "밥 먹다 보면 흘릴 수도 있다."고 둘러대고, 내가 방바닥에 물을 쏟으면 실수로 그런 것이고, 내가 신발을 구겨 신으면 바빠서 그런 것이고, 내가 비스듬히 드러누워 텔레비전을 보면 피곤해서 그런 것이었어요. 아이들을 '내 생각'에 가두어 놓고, 나는 바깥에서 '어른 행세'를 하고 살았어요.

돌이켜보니 나는 몸 따로, 마음 따로인 아버지였어요.

■ 어유! 또 할머니 잔소리

우리가 어릴 적엔 많은 이야기를 듣고 자랐어요.
"문턱에 앉지 마라. 복 나간다."
"밤에 손톱 깎지 마라. 혼이 달아난다."
지금 생각하면 오가는 사람들이 불편하니 문턱에 앉지 말라고 했고, 밤에 손톱을 깎다가 어디로 튀면 찾기도 힘들고 때론 날카로운 손톱이 잠잘 때 살을 찌를 수 있으니 그런 말씀을 하셨구나 싶어요. 어릴 적에는,
"어유, 또 할머니 잔소리."
그랬지만 지금 생각하니 그 때 그 말씀들이 우리를 예의바르게 길러 주었구나 싶어요. 아이들이 가끔 올바르지 못한 행동을 할 때에는 똑같은 말을 몇 번이라도 되풀이해야 할 거예요. 한 번 꾸짖어서 안 된다고 짜증은 내지 마세요. 아이들은 가르친 것을 금세 잊어버릴 때가 많거든요.

■ 방학에는 아이들과 함께 봉사 활동을

"야, 다섯 살짜리도 학원 다닌다고 정신 없는 세상인데 중학생이 봉사 활동할 짬이 있나? 너 참 기특하다. 몇 학년이고?"
"저어 중학교 2학년입니더."
"니는 방학인데 학원 안 다니나?"
"다니는데예."
"그라모, 오늘은 학원 우짜고 봉사 활동 왔노?"

"오늘 우리 학원 선생님 어머니가 돌아가셔서 쉬는 날입니더."
"하하하! 그라모 그렇지. 누가 죽어야 학원을 안 가지. 방학 때 학원 몇 군데씩 다닐라 카모 겁나게 바쁠 텐데……."

지난 방학 때 봉사 활동하러 온 학생과 나눈 이야기예요. 누가 죽어야, 그것도 아주 가까운 사람이 죽어야 하루쯤 공부에서 벗어날 수 있다는 학생과 하루를 보내면서 세상이 안타깝기만 하더군요.

지난 방학 때, 아이들과 진주 프란치스코 양로원에 봉사 활동 갔더니 그 곳에 계신 신부님이 아버지와 함께 봉사 활동하러 온 학생은 처음이라고 하더군요. 학교에서 봉사 활동에 점수를 주니까 어쩔 수 없이 부모들이 아이들만 보낸다고 하더군요. 저는 아이들과 함께 할머니 휠체어를 밀어 드리고 밥상을 차리고 치우면서 참 잘 왔구나 싶었어요.

방학이 되면 아이들과 함께 하루 이틀쯤 봉사 활동을 해 보면 어떨까요? 처음엔 아이들이 가지 않으려고 떼를 쓰기도 하겠지요. 그러나 함께 하루를 보내고 나면 아이들도 좋아할 거예요. 꿀벌을 다른 동물보다 우러러보는 것은 부지런하기 때문이 아니라, 남을 위해 일하기 때문이래요.

■ 하기 싫은 일도 식구를 위해서라면

"얘들아, 오늘 저녁에 갑자기 손님이 오신다고 하는데 우짜면 좋겠노? 집 안이 엉망이네."
"아버지, 오늘은 바쁜데요. 숙제도 해야 하고 친구도 만나야 되고……."

성질대로 하면 "이 녀석아, 우리 집에 안 바쁜 사람이 어디 있노? 아버지가 이렇게 부드럽게 부탁을 하는데, 제 놈들이 어질러 놓은 거라도 청소를 해야지." 하고 고함을 지르고 싶었어요. 그러나 좋은 아버지가 되고 싶은 사람이 화를 낼 수가 없으니 참아야지요.

사람은 누구나 하기 싫은 일을 억지로 해야 할 때가 있지요. 일터에 일거리가 밀리면 토요일, 일요일도 가리지 않고 밤늦게까지 일을 해야 할 때도 있어요. 때론 한 푼이라도 더 벌기 위해 일요일 아침 일찍 일어나 일터로 가야 하는 아버지는 늦잠을 자고 싶다고 더 잘 수도 없어요.

가끔 아이들도 하기 싫은 일이 있을 거예요. 멀리 심부름을 보낸다든지, 피곤한데 방을 닦으라고 한다든지, 그 밖에도 많겠지요. 그러나 식구들을 위해서 하기 싫은 일도 해야 할 때가 있다는 것을 일러 주어야 해요. 그래서 한 번 더 말했지요.

"얘들아, 학교 갔다가 돌아오니 피곤하제? 학교 걸상도 편하지 않을 텐데. 그래도 우짜겠노? 오늘 갑자기 우리 집에 손님이 오시기로 했는데……. 집 안 청소 좀 함께 하고 볼일 보면 어떻겠노?"

"알았어요, 아버지. 집안일 먼저 하고 제 할 일 할게요."

벌들은 협동하지 않고는 아무것도 얻을 수 없대요. 사람도 서로 협동하지 않으면 안 된다는 것을 어릴 적부터 온몸으로 느끼면서 살아야 해요.

■ 소풍 가는 날 아침에

문득 어릴 때 생각이 나는군요. 소풍 가는 날이면 온 식구가 일찍 일어나 떠들썩했지요. 누나는 누나대로 아우는 아우대로 모두 바빴어요. 한 해에 두 번, 소풍 가는 날 아니면 먹어 볼 수 없는 김밥을 말고 있는 어머니 모습은 마치 고운 선녀 같았어요. 어머니는 삶은 밤과 달걀 그리고 감이랑 사과랑 귀한 오징어 한 마리까지 살짝 구워서 보따리에 싸 주면서 그러셨지요.

"다 먹지 말고 조금씩 남겨 오거래이. 알사탕은 옆집 할머니 드리고, 오징어 다리는 공장에 간 누나 돌아오면 좋아할 끼다."

어머니는 별것 아니지만 어릴 때부터 서로 나눠 먹는 버릇을 가르쳐 주셨답니다. 아무리 먹을 게 적어도 나눠 먹지 않으면 안 되는 줄 알고 자랐지요. 그러나 요즘 부모들은 아이들 소풍 가는 날, 좀처럼 김밥을 말거나 달걀과 밤을 삶아서 주지 않아요. 그저 편하게 돈으로 해결하지요.

소풍 가는 날, 어머니와 아버지가 일찍 일어나 아이들과 함께 김밥을 말고 밤과 달걀을 삶아 도시락을 싸 주세요. 그리고 이렇게 말해 보세요.

"음료수 대신 단술을 만들었어. 시골에서 말린 곶감과 우리밀 과자도 넣었으니 선생님께 드리고, 현미 잡곡밥도 넉넉하게 담았으니까 도시락 안 싸 온 친구 있으면 나눠 먹고. 다 먹지 말고 조금만 남겨 올래? 혼자 사는 앞집 할머니 드리게."

■ 태종대 돌멩이

아이들과 함께 책꽂이를 정리하다가 돌멩이 한 개가 눈에 띄더군요. 지난 해, 아이들과 부산 태종대 바닷가에 갔다가 주워 온 돌멩이라는 것을 금세 알았어요. 돌멩이에 예쁜 글씨로 '부산 태종대에서'라고 아이들이 써 두었으니까요.

지난 해, 짧은 하루였지만 아버지와 함께 보낸 시간을 오래도록 생각하고 있는 아이들을 보니, 참 기분이 좋았어요. 이 일 저 일 바쁘다는 핑계로 아이들을 위해 좀처럼 시간을 내어 주지 못했는데, 돌멩이 한 개조차 소중하게 간직하고 있는 아이들을 보니 아버지 노릇 제대로 해야겠다는 생각이 불쑥 들더군요.

맨날 먹고사는 일에만 매달려 이리저리 흔들리며 살았는데, 바쁘다는 핑계로 아이들 생각할 겨를도 없이 살았는데, 태종대에서 주워 온 돌멩이 한 개는 아이들 책상 앞에서 늘 아이들과 함께 살았어요. 아버지인 나보다 훨씬 더 아이들을 사랑하면서 자리를 지키고 있었어요.

아이들과 가끔 여행을 떠나 보세요. 틈이 나면 하룻밤 자고 올 수 있는 곳으로 가세요. 어릴 적에 여행을 하지 않으면 나이가 들어도 얘깃거리가 없어요. 여행을 해 본 사람은 어떠한 처지에서도 절망하지 않고 살아갈 수 있는 힘을 스스로 키울 수 있어요. 여행을 하면서 만나는 사람들은 생각이 쑥쑥 자라게 해 줄 것이고, 길을 걸으면서 만난 나무와 풀과 구름과 바람과 하늘은 말로 나타낼 수 없는 큰 힘을 길러 줄 테니까요.

아이들과 기차 여행은 가 보셨나요? 눈이나 비가 와도 큰 걱정 없고, 자연의 아름다움을 편안하게 바라볼 수 있고, 바쁘게 사느라 식구들과 못다 한 이야기를 나눌 수 있는 기차 여행을 떠나 보세요. 철도청에서 만든 테마 열차 프로그램을 잘 살펴보는 것도 도움이 될 거예요. 철따라 여러 가지 프로그램을 내놓고 있답니다.

미리 계획을 세우고 기차 예매를 해 두는 게 좋아요. 그래야 식구들이 다른 계획을 세우지 않으니까요. 봄에는 호남선을 타고 따뜻한 남도로, 여름에는 장항선을 타고 서해안으로, 가을에는 영주 부석사로 가는 중앙선을 타고, 겨울에는 영동선을 타고 강원도 산으로 떠나 보세요.

기차 여행을 떠날 때는 우산, 비옷, 양말, 손수건, 간식 들을 챙겨 가는 게 좋아요. 곳에 따라 비가 올 수도 있으니까요. 도시락을 싸 가지고 가려면 옆 사람한테 음식 냄새를 피우지 않는 김밥이나 주먹밥을 가져가는 게 좋겠지요.

준비할 것도 적고, 돈도 적게 들고, 마음만 먹으면 언제든지 떠날 수 있는 기차 여행, 다음 가족 회의 때는 날짜를 잡아 보세요.

▪ 온 식구가 영화 보는 날

텔레비전 프로그램 가운데 아이들이 볼 만한 것이 있으면 보게 하세요. 아버지도 함께 보면 좋겠지만 마음대로 시간을 낼 수 없지요. 가끔 밤늦게 텔레비전에서 하는 영화 가운데 온 식구가 함께 볼 만한 것이 있으면 그 날 아침에 일터로 나갈 때, 오늘은 우리 식구 영화 보는 날이라고 미리 말하세요.

일을 마치고 동료들과 술자리가 있을 때는 "오늘은 우리 식구 영화 보는 날이라 일찍 가야 한다."고 미리 말해 두는 것도 괜찮겠지요. "무슨 영화를 하기에 그러느냐?"고 동료들이 물어 보겠지요. 그 때는 아침에 신문에서 읽은 영화 줄거리를 이야기해 주고 덧붙여 이런 말도 해 주면 어떨까요? "오늘은 다 같이 일찍 돌아가서 식구들이 함께 모여 영화 보자."

온 식구가 돈 들이지 않고 편안하게 앉아서 영화 감상을 하고 난 뒤 매실차라도 한 잔하면서 느낀 마음을 서로 나누어 보세요. 아이는 아이대로 부모는 부모대로 배울 것이 있으니까요.

▪ 텔레비전 안 보는 날

텔레비전 프로그램을 잘 골라서 보면 식구들에게 이로움을 주지만, 잘못 골라서 보면 집안을 망치기도 해요. 텔레비전에서 나쁜 모습(공갈, 협박, 사기, 폭력 따위)을 보여 줄 때는, '저렇게 살아서는 안 되겠구나.' 하는 것을 배워야 하는데, '나도 저렇게 살아도 되겠구나.' 하고 생각하는 사람들이 많으니 세상이 어지럽지요. 텔레비전이 우리 식구들에게 어떤 해로움을 주는지 이야기를 나누어 보세요.

첫째, 다른 일을 못 하게 해요. 둘째, 배워야 할 것을 덜 배우게 해요. 셋째, 식구들이 이야기 나눌 시간을 빼앗아요. 넷째, 놀이 시간을 빼앗고 몸과 마음을 허약하게 만들어요. 다섯째, 자꾸 보다 보면 중독 증상이 나타날 수 있어요. 여섯째, 자신의 삶과 어울리지 않는 것을 많이 보면 정신이 멍해져요. 일곱째, 텔레비전에서 나오는 비뚤어진 사람들의 삶을 자신도 모르게 닮아 갈 수 있어요. 여덟째, 좋은 것도 배우지만 나쁜 것을 더 쉽게 배우게 돼요.

어떤 설문 조사 기관에서 조사한 결과를 보면 참 기가 막혀요. 전국에서 열세 살이 넘는 남녀 6천 명한테 물어 보았더니 마땅히 볼 프로그램이 없어도 버릇이 되어 텔레비전을 켜 두는 사람이 43퍼센트가 되더래요. 텔레비전 중독증에 걸린 환자들이지요. 중독증에 걸리지 않도록 한 주에 하루 이틀쯤은 텔레비전 안 보는 날로 정하고, 그 날은 온 식구가 함께 책을 읽거나 다른 놀이를 하면 어떨까요?

■ 지리산에 오르면서

　오늘은 지난 달 가족 회의 때 결정했던 대로 지리산 가는 날이에요. 아침 일찍 일어나 서둘러야 중산리를 거쳐 하루 만에 다녀올 수 있어요. 아이들은 처음 올라가는 지리산이라 얼마나 높은지도 모르고 신나게 따라나섰어요. '그래, 오늘 너희들 고생 좀 하게 생겼어. 잘 참고 가는지 두고 보자.' 싶었지요.
　아니나 다를까 지리산 꼭대기까지 가려면 두세 시간은 더 올라가야 하는데, 벌써 다리 아프다고 엄살을 떨기 시작했어요. '이러다가 오늘 산꼭대기까지 다녀올 수 있을까, 포기할까?' 이런저런 생각 끝에 큰맘 먹고 올라가기로 다짐을 했어요.
　아이들이 다리 아프다고 칭얼거릴 때마다 손이라도 잡아 주고 싶었지만 그대로 두었어요. 한번 잡아 주는 버릇을 들이면 다음에도 자꾸 잡아 주어야 하니까요. 다리 아프다고 할 때마다, 차라리 같이 지친 척하면서 같이 쉬어 주는 게 인내심을 길러 줄 수 있는 좋은 방법이라는 생각이 들더군요. 이럴 때 아니면 언제 아비 노릇 제대로 하겠어요. 그리고 초등 학생쯤 되면 자기 몸 하나 정도는 스스로 다스릴 줄 알아야지요. 내려오는 길에 벌써 어둠이 밀려들고, 다리 아프다고 칭얼거리던 아이들은 내리막길이라 신나게 내려가더군요.

■ 웃을 때는 바보처럼 크게 웃으세요

　중국 송나라 때, 추운 겨울에도 베옷 하나만 입고 다닌 관상가

마의(麻衣)는 근심 어린 얼굴을 가장 좋지 않은 상으로 보았대요. 가끔 주위를 살펴보면 근심할 일도 아닌데 마치 큰일이라도 난 것처럼 고민하는 사람들이 있지요.

"부인이 늘 웃음을 띠면 반드시 남편과 아이들이 성공한다."는 말이 있듯이 꼭 부인이 아니더라도 남편이든 아이들이든 웃으면 온 집안에 복이 와요. 웃으면 웃을수록 슬픔과 걱정거리가 조금씩 멀어지니까요.

운동 선수가 끊임없이 훈련을 하면서 근육을 단련하는 것처럼, 얼굴 근육도 자꾸 써야 근육이 부드러워져 어색하지 않게 웃을 수 있어요. 가끔 잘 웃는 사람을 마치 천한 사람처럼 여기는 사람도 있어요. 그런 사람들은 거의가 불행하게 살거나 남을 괴롭히는 일을 많이 하는 사람이에요.

어린애들처럼 별것도 아닌 일에도 웃어 보세요. 웃을 때는 남의 눈치 살피지 말고 바보처럼 웃어 보세요. 크게 웃을수록, 많이 웃을수록 행복하게 살 수 있답니다. 웃으면 몸과 마음이 튼튼해지고, 바이러스와 암세포 들과 싸우는 자연 살상 세포의 활동이 뚜렷하게 늘어난다는 연구 결과도 나왔어요. 웃으면 살도 빠진대요.

자, 지금부터 온 식구가 거울을 보고 웃는 연습부터 해 볼까요? 희망이 없다고 느껴질 때일수록 웃으면서 희망을 찾아야 제대로 찾을 수 있지 않겠어요? 마음껏 웃을 줄 모르는 사람이 어찌 행복할 수 있으며, 행복하지 않은 사람이 어찌 남에게 행복을 줄 수 있겠어요.

■ 만나는 이마다 내 스승인 것을

아이들과 가족 회의를 하다가, 내가 가까이 알고 지내는 분을 우리 집에 모셔서 살아온 이야기를 아이들에게 들려주면 좋겠다는 생각이 들더군요. 아이들이 우리 집, 우리 식구라는 좁은 울타리 안에 갇혀서 생각을 키우기에는 한계가 있으니까요.

내가 잘 알고 지내는 분들 가운데는 위험하고 고된 일이지만 즐거운 마음으로 살아가는 택시 기사도 있고, 공장에서 30년째 기계를 다루는 멋진 노동자도 있고, 교단에 설 때마다 아이들에게 무엇을 배울 것인가 고민하는 아름다운 교사도 있어요. 늘 바쁘게 살아가는 신문 기자도 있고, 하늘을 닮은 농부도 있고, 스스로 가난하게 살기 위해 애쓰는 젊은 신부도 있고, 기계에 손가락이 잘려 나갔지만 절망하지 않고 열심히 사는 명환이 아우도 있어요.

이런 분들을 가끔 집에 모셔서, 정성스럽게 지은 저녁밥을 나누어 먹고, 우리 아이들한테 살아온 이야기를 들려 달라고 부탁하면 좋겠다는 생각이 들었어요. 어찌 아이들에게만 도움이 되겠어요. 부모들에게도 큰 도움이 되겠지요. 내 주위에 이렇게 훌륭한 교사가 많은데, 내가 여태 모르고 살았구나 싶더군요. 공자는 "세 사람이 길을 가면 반드시 거기에는 내 스승이 될 만한 사람이 있다."고 했어요. 마음의 밭을 갈고 닦으면 만나는 이마다 모두 스승인 것을⋯⋯.

부모도 아이들의 스승이 되어야 하겠지만, 아이들에게 훌륭한 스승을 만나게 해서 생각을 넓혀 주고, 바른 길로 이끌어 주는 것도 부모의 역할이 아닐까요?

■ 스승의 날에는 편지 한 장을

몇 년 전, 정순택 부산시 교육감이 3만 명이 넘는 교직자에게 편지를 보냈어요. "지금까지 받은 금품들은 교육청에서는 책임을 묻지 않겠으나 6월 1일부터 금품을 받으면 금액이 많고 적고 지위가 높고 낮고를 떠나서 교직에서 물러나도록 하겠다."고 말예요. 가난한 이웃들은 이 기사를 읽고 얼마나 기뻤을까요? 아이들 담임 선생님 한번 찾아뵙고 싶어도 돈이 없어서 못 간 이웃들은 이 기사를 읽고 또 읽었겠지요. 스승의 날만 다가오면 그 때 읽은 기사가 생각이 나요.

돈 봉투를 안 받겠다는데도 자꾸 건네는 부모들은, 내 아이만 잘 봐 주면 좋겠다는 어리석은 욕심으로 가득 찬 사람이지요. 돈 봉투를 주고받는 일이 아이들을 버리고 나라를 망치는 일이라고 한다면 지나친 말일까요? 이런 잘못된 문화를 후손들에게 물려줄 수는 없으니까요. 그래도 가난한 부모들은 스승의 날만 다가오면 걱정이지요. 뒷집 수정이네 엄마는 10만 원짜리 상품권을 샀다고 하고, 재운이네 엄마는 고급 속옷을 살 거라고 하는데…….

아이가 학교에서 친구들과 사이좋게 잘 지내는지, 자세는 어떻고, 발표력은 좋은지, 학교 담임 선생님을 찾아가면 묻고 싶은 게 많지요. 그러나 먹고살기에 바쁜 부모들은 늘 마음뿐이고, 스승의 날이 다가오면 괜스레 짐만 되지요. 그렇다고 너무 걱정하지 마세요. 세상의 모든 가치를 돈으로 잴 수 있는 것은 아니니까요. 돈 몇만 원보다야 정성어린 편지 한 장이 선생님의 마음을 더 기쁘게 할 수 있으리라 믿어요.

스승의 날이 다가오면 나는 늘 편지를 쓴답니다. 철없는 아이 맡겨 놓고 자주 찾아뵙지 못하는 미안한 마음도 넣고, 우리 아이보다 더 가난하고 손길이 필요한 아이한테 관심을 가져 달라는 염치 없는 부탁까지 넣어서 편지를 쓴답니다.

   옛날엔 "스승의 그림자도 밟지 않는다."고 했는데 지금은 오죽했으면 스승의 날을 없애자는 말까지 나왔을까요? 아이들이 믿음직한 부모와 스승 밑에서 착하게 잘 자라서 듬직한 어른이 되어 행복하게 살았으면 좋겠어요.

■ 가족 회의

   아무리 바쁘게 살지 않으면 안 되는 세상이라지만 식구들이 무슨 고민을 안고 있는지, 서로 하고 싶은 말은 없는지 알아야 대책을 세우지 않겠어요? 삶이 힘겹고 바쁠수록 가족 회의를 해 보세요. 큰 일이 터지고 나서 후회해 봐야 아무 소용이 없어요. 호미로 막을 것을 가래로 막게 될지 누가 알아요?

   가족 회의는 한 주에 한 번, 미리 요일과 시간을 정해 두면 어떨까요? 아니면 식구들 가운데 누구라도 가족 회의를 해야겠다고 말하면 서로 의논하여 요일과 시간을 정하는 것도 좋겠지요.

   가족 회의는 집에 먼저 들어온 사람이 준비하면 좋겠어요. 처음 시작할 때는 아버지나 어머니가 준비하는 게 좋겠지요. 교육이나 회의를 할 때는 분위기가 가장 중요하답니다. 텔레비전 틀어 놓고 가족 회의를 할 수 없으니까요.

   거실이나 방에 둥근 상을 펴 보세요. 둥근 상은 자리도 적게 차지하고 둘러앉기도 편하지요. 조용한 음악을 틀고 아이들이 좋아하는 우리밀 과자와 차를 준비해 보세요. 차는 아이들 몸에 좋은 녹차, 감잎차, 매실차 따위를 준비하면 좋겠지요. 촛불도 켜고, 꽃도 한두 송이 꽂아 두면 더욱 어울리겠지요. 꽃은 돈을 주고 사지 않아도 됩니다. 쉽게 구할 수 있는 강아지풀이나 들꽃 한두 송이만 꽂아 두어도 되니까요. 이 정도면 마음이 가라앉고 분위기가 잡히지요.

참, 가족 회의 때는 회의 내용을 적을 공책을 꼭 준비하면 좋겠어요. 잘 적어 두어야만 다음 가족 회의 때 다시 살펴볼 수가 있어요. 서로 의논하여 결정하고 약속한 일이 제대로 이루어지고 있는지 다시 살펴보아야 더 나은 계획을 세울 수 있으니까요. 잘 보관해 두면 좋은 유산이 될 수도 있을 거예요.

■ 가족 회의 때 나눌 이야기

"아버지, 오늘 저녁에 가족 회의를 해야겠는데 몇 시쯤 들어오세요?"
"왜, 무슨 일 있나?"
"오늘 꼭 의논해서 결정해야 할 일이 있어요."
"오늘은 밤 열 시쯤 되어야 들어갈 것 같은데 어쩌나."
"그럼 밤 열 시에 회의할 수 있도록 제가 준비해 놓을 테니까 천천히 오세요."

우리 아이들은 하고 싶은 말이 있을 때마다 가족 회의를 하자고 해요. 제 나름대로 방학 계획을 세워 허락을 맡기도 하고, 다니고 싶은 학원도 스스로 결정하고, 휴대폰을 사야 하느냐 사지 말아야 하느냐 고민도 함께 하고, 동무들과 여행을 가고 싶은데 경비는 스스로 마련하고 싶다고 좋은 방법을 가르쳐 달라 하고…….

가족 회의 때 무슨 말을 해야 할지 모르겠다는 분은 조금만 생각을 열어 놓으면 정말 할 게 많다는 것을 알게 될 거예요. 함께 손잡고 노래부르기, 동화나 시를 읽고 느낀 생각 나누기, 신문이나 연속극의 문제점 말해 보기, 영화 이야기 하기, 옛 이야기 들려주기, 오늘 신문에 실린 사건이나 이 시대 가장 문제로 떠오르는 주제를 뽑아서 토론하기, 좋은 버릇 칭찬해 주고 나쁜 버릇 고쳐 주기, 자기가 가장 좋아하거나 싫어하는 것 말하기, 가장 기억에 남는 사람 떠올려 보기, 남에게 실수하여 부끄러웠던 일이나 잘못했던 일들 생각해 내기, 조상들과 부모가 살아온 이야기 들려주기, 학교와 학원 이야기 나누기, 우리 집에서 남녀가 평등하지 못한 점 찾아 내기, 고민 덩어리 풀어 주기, 10년 뒤 나는 어떤 모습일까 그려 보기, 하고 싶은 말을 적어서 돌려 읽기, 방학 계획 함께 세우기, 용돈 결정하기, 우리 농촌과 환경을 살리는 일을 살펴보고 실천하기…….

우리는 날마다 새로운 하루를 맞으며 새로운 일을 겪으며 살고 있어요. 하루라도 마음 편할 날이 없을 정도로 사회나 가정에서 여러 가지 문제가 일어나고 있지요. 사람이기 때문에 우리는 늘 문제를 안고 살아요. 아무리 큰 문제가 생기더라도 두려워하지 말고, 가족이 함께 모여 풀어 보세요. 문제는 풀기 위해 있는 것이니까요.

그리고 가족 회의 때 가장 깊이 새겨야 할 것은 아이들이 먼저 말하게 하고, 아이들 말을 끝까지 들어주는 거예요. 아이들이 억지를 부린다고 해도 절대 말을 막거나 나무라지 마세요. 부모가 자기 생각을 존중해 주지 않는다고 생각하면 두 번 다시 가족 회의를 하지 않으려고 할 것이고, 한다고 해도 마음을 열지 않을 테니까요. 문은 늘 열려 있어야 누구든지 편하게 들어갈 수 있어요.

■ 다음 가족 회의 때까지 기다려 주세요

다가오는 여름 방학 때, 막내 녀석이 걸어서 여행을 간다기에 식구들이 모여 토론을 했어요. 누가 들어도 말이 안 되는 계획을 세웠기에 식구들이 모두 몰아붙였어요. 이것도 계획이라고 세웠느냐고. 그 때 막내 녀석이 "저를 믿어 주세요. 다시 꼼꼼하게 정리해서 계획을 세워 볼 테니 다음 주 가족 회의 때까지 기다려 주세요." 하더군요.

어릴 적부터 아무리 작은 일이라도 가족 회의를 열어서 모든 문제를 토론하고 결정한 것이, 공동체를 이끌어 가는 데 큰 도움이 되는 것 같아요.

아래 글은 포스코 재단 학교들이 창의성 교육을 하면서 학부모들한테 당부한 내용이랍니다. 누구나 돈 안 들이고 마음만 먹으면 할 수 있는 일이니 어렵게만 생각하지 마시고 실천해 보세요. 한 가지 일을 실천하는 것이, 많은 것을 이룰 수 있는 지름길이라고 하니까요.

1. 자유롭게 행동할 수 있는 분위기를 만들어 준다. 집에서는 한 가지 이상 규칙을 정하지 말고, 편안한 마음으로 자기 생각을 얘기하는 가정 분위기를 만든다.
2. 실수를 인정한다. 아이의 실수는 살아가는 과정이며, 성공을

위한 디딤돌이다. 꾸중이 두려워 호기심을 억제해서는 안 된다.
3. 아이디어를 부추기는 분위기를 만들어 준다. 그림이나 색연필이 손에 닿기 쉬운 곳에 있고, 언제나 음악을 들을 수 있는 환경이라면 그 방면에 특기를 가지고 관심을 품게 된다.
4. 혼자 생각할 수 있는 기회를 준다. 아이가 어떤 일에 몰두하고 있으면 방해가 되지 않도록 한다.
5. 토론하는 시간을 마련한다. 케네디의 어머니는 저녁 시간을 토론 시간으로 활용했다고 한다. 그 날의 뉴스, 명절, 국경일 그리고 특별한 일들을 주제로 정해 게시판을 만들어 붙인다.

■ 손으로 쓴 명언

"분노는 어리석게 시작하여 후회로 끝난다."
"사랑은 눈으로 보는 것이 아니라 마음으로 보는 것이다."
"가난한 사람에게는 적이 적고, 구두쇠 부자에게는 친구가 적다."

식구들 눈에 잘 띄는 곳에 명언을 써서 붙여 두면 어떨까요? 아무리 좋은 명언도 너무 오래 붙여 두면 싫증이 날 수도 있으니 한 주에 한 번쯤, 아니면 한 달에 한 번쯤 바꾸어도 좋아요. 광고지, 복사지같이 다시 쓸 수 있는 종이를 모아 두었다가, 매직이나 붓으로 쓰면 되겠지요. 컴퓨터가 있으면 글자 크기와 모양을 잘 선택하여 뽑을 수도 있겠지만, 아무리 똑같은 글이라도 컴퓨터로 뽑은 글보다 사람이 손수 쓴 글이 서툴더라도 정이 가더군요.

가끔 아이들 스스로 마음에 드는 명언을 골라서 자기 손으로 써서 붙이게 하세요. 자기 손으로 쓴 명언은 오래도록 가슴에 남을 테니까요.

아무리 좋은 말이라도 자주 하면 잔소리가 되지만, 글은 아무리 봐도 잔소리가 되지 않아요. 그러니 좋은 말을 하는 것보다, 그냥 아이들이 보고 느낄 수 있도록 하는 것이 더 큰 교육이 될 수 있지 않겠어요? 명언집은 책방에 가면 쉽게 찾을 수 있으니까 돈 아끼지 마시고 한두 권쯤 사 두면 도움이 될 거예요.

■ 온 가족이 쓰는 가계부

아이들과 함께 가계부를 쓰면 좋겠어요. 새해만 되면 '올해부터는 꼭 가계부를 써야지.' 마음먹었다가, 며칠만 지나면 '아껴 쓰면 되지, 바쁜데 가계부까지 써야 하나?' 하고 포기해 버리지요.

가계부를 쓰게 되면 귀찮은 일보다 보람 있는 일이 더 많은 까닭은, 가계부는 단순하게 수입과 지출을 적는 장부가 아니기 때문이지요. 가계부를 적다 보면 절약하는 생활이 몸에 붙고, 이웃들에게 신용을 잃지 않고 살 수 있으며, 정직하고 바르게 살 수 있어요. 그리고 자기도 모르게 불쑥불쑥 사고 싶은 옷이나 신발 따위를 사지 않게 되고, 떳떳하지 못한 곳에 쓴 돈을 한눈에 다 들여다볼 수 있으니 저절로 규모 있게 살 수 있지요.

가계부를 잘 적는 가정은 식구들의 몸과 마음이 건강하고, 건강한 몸과 마음으로 사회를 올바르게 이끌어 갈 수 있을 거예요. 식구들이 살아온 세월이 고스란히 담긴 가계부를 가보로 물려줘도 되겠지요. 죽을 때 가계부라도 몇 권 남겨 놓으면, 후손들이 모여 "어! 이런, 돼지고기 한 근에 백 원하던 시절이 있었네?" 하면서 웃음꽃을 피우겠지요. 그리고 가계부를 보면서 조상들의 참삶을 온몸으로 느끼고 배울 수 있을 거예요.

가계부를 잘 쓰려면 영수증을 받아 두고, 영수증을 받지 못하는 재래 시장에서 물건을 살 때는 쪽지에 적어 가면서 사세요. 영수증이나 쪽지는 따로 모아 두고, 충동 구매한 것은 누구나 잘 볼 수 있도록 형광펜으로 표시해 두세요.

더 늦기 전에 가계부를 쓰면 좋겠어요. 3월은 어머니가, 4월은 아버지가, 5월은 딸이, 6월은 아들이 돌아가면서 쓰다 보면 식구들끼리 더 가까워지고, 서로의 삶을 잘 알고 이해할 수 있을 테니까요.

■ 함께 보고 싶은 잡지

삶에 지쳐 아무런 희망이 보이지 않을 때 책을 읽어 보세요. 책은 언제나 우리를 기다리고 있어요. 짜증을 부리거나 화를 내지도 않고 말없이 우리를 기다리고 있지요. 책은 채찍 없이 우리를 가르치는 스승이고, 우리가 아무리 실수를 하고 무식하다 해도 비웃거나 깔보지 않아요. 정말 좋은 동무지요.

그러나 좋은 동무가 되는 책이 있고 나쁜 동무가 되는 책도 있어요. 좋은 책은 백성을 움직이게 해서 모든 사람이 자유롭고 행복하게 살 수 있는 슬기와 용기를 주지만, 나쁜 책은 마약처럼 사람들을 병들게 하고 나라를 어지럽히지요. 그래서 늘 가까이에서 좋은 동무가 되어 주고, 비틀거리는 제 삶을 이끌어 주고 있는 월간지와 계간지 들을 알려 드릴까 해요.

달마다 펴내는 〈세상을 바꾸는 따뜻한 이야기 작은책〉, 〈우리 말과 삶을 가꾸는 글쓰기〉, 철마다 펴내는 〈귀농통문〉, 두 달에 한 번 펴내는 〈녹색평론〉, 〈삶이 보이는 창〉, 〈민들레〉, 〈우리 말 우리 얼〉, 그 밖에도 제가 알지 못하는 좋은 책들이 많겠지요. 제가 소개한 책들은 많이 알려지지 않았지만 부모들이 읽으면 삶의 밑거름이 되리라 믿어요.

1년 책값도 2~3만 원 남짓 되기 때문에 큰 부담은 가지 않을 거예요. 정기 구독을 하시면 책을 펴내는 분들과 한 식구가 되기 때문에 서로 따뜻한 정이 흐를 것이고, 우편으로 책이 오기 때문에 기다리는 재미도 있답니다.

■ 진짜 좋은 시

해바라기 얼굴

윤동주

누나의 얼굴은
해바라기 얼굴
해가 금방 뜨자
일터에 간다.

해바라기 얼굴은
누나의 얼굴
얼굴이 숙어들어
집으로 온다.

하루 종일 힘든 일을 하는 누나를 안쓰럽게 지켜보는 아이의 모습이 눈에 떠오르지요?

이 시가 쓰인 1938년 무렵 일제 때에도 그랬지만, 지금도 하루 종일 '해바라기 얼굴'로 힘겨운 일을 하며 살아가는 누나들이 많아요. 이런 누나들이 즐겁게 일하고 마음껏 쉴 수 있는 세상이 온다면 얼마나 좋을까요?

저는 이 시를 읽으면서 고생고생만 하다가 시집 간 우리 누나 생각이 났어요. 그래서 문득 이런 생각이 들더군요. 우리 아이들 교과서에 이런 시들이 많이 실렸으면 좋겠다고. 아이들이 어릴 적부터 시를 가까이 할 수 있도록, 좋은 시를 가려 뽑아서 자주 읽어 주면 좋겠다고.

엄마의 런닝구

경북 경산 부림 초등 학교 6학년 배한권

작은누나가 엄마보고
엄마 런닝구 다 떨어졌다

한 개 사라 한다.
엄마는 옷 입으마 안 보인다고
떨어졌는 걸 그대로 입는다.

런닝구 구멍이 콩만 하게
뚫려져 있는 줄 알았는데
대지비만 하게 뚫려져 있다.
아버지는 그걸 보고
런닝구를 쭉 쭉 쨌다.
엄마는
와 이카노.
너무 째마 걸레도 못 한다 한다.
엄마는 새걸로 갈아입고
째진 런닝구를 보시더니
두 번 더 입을 수 있을 낀데 한다.

어린이가 쓴 시인데 '어찌 이리도 감동스럽게 잘 썼을까?' 싶은 생각이 저절로 들지요? 아이들이 쓴 시를 자주 읽어 보세요. 이름난 출판사에서 나온, 어른들이 쓴 시집 백 권, 천 권보다 더 큰 감동이 오래도록 가슴에 남을 거예요. 아무리 마음이 메마른 사람일지라도 아이들 시를 읽으면 웃음도 나오고 눈물도 흐를 거예요. 아이들은 어른의 스승이라더니 '그 말이 딱 맞구나.' 하는 생각이 저절로 들 거예요.

우리 나라 사람들은 시를 잘 읽지 않는다고 해요. 몇 번을 읽어도 무슨 말인지 이해할 수 없는 시를 시라고 자꾸 써 대는 시인들의 잘못도 크지요. 그러나 책방에 가서 잘 살펴보면 부모와 아이들이 함께 읽을 만한 좋은 시집도 많답니다. 좋은 시집을 고르기가 어려우면 책방에 가서 믿을 만한 출판사와 단체에서 추천한 시집을 고르면 되겠어요. 아래 시집들은 제가 감동스럽게 읽은 시집이랍니다. 책방에 가셔서 잘 살펴보고 사 보세요. 책꽂이에 시집 몇 권 정도 꽂아 둘 자리는 남아 있겠지요.

《까만 손》,《엄마의 런닝구》,《빼앗긴 이름 한 글자》,《오줌싸개 지도》,《지구라는 보자기》,《순희 사는 동네》,《재운이》,《내가 너만 한 아이였을 때》,《도토리나무가 부르는 슬픈 노래》,《꽃을 먹는 토끼》,《산골 아이》,《할아버지 요강》,《어머니 사시는 그 나라에는》,《일하는 아이들》,《엄마야 누나야》,《귀뚜라미와 나와》……

■ 어린이 신문 〈굴렁쇠〉는 꼭 보세요

아침에 일찍 일어나 내가 신문을 보고 있으면 아이들도 내 옆에 앉아 신문을 보아요. 텔레비전 프로그램이나 체육면을 보기도 하고 때로는 사회면을 자세히 보기도 하지요. 맨날 누가 누굴 패고, 죽이고, 자살하고, 도둑질하고, 거짓말하고, 잡혀가는 따위의 기사가 많지요. 그러나 가끔 고통을 딛고 일어선 멋진 사람의 이야기도 있고, 오염된 자연을 살리고, 자신의 건강을 지키는 데 필요한 이야기도 있지만, 아이들에게는 큰 도움이 안 되는 기사가 대부분이지요.

그렇다고 신문을 못 보게 할 수는 없으니 신문에 대해 이야기해 주세요. 신문은 사회에서 일어난 새로운 사건이나 이야깃거리 따위를 보도·해설·비평하는 정기 간행물이지요. 바른 생각을 가지고 바르게 살 수 있도록 이끌어 주는 좋은 신문도 있지만 그저 흥미를 끌어 부수만 늘리려는 나쁜 신문도 있다는 것을 말해 주세요.

어른들이 보는 신문은 거의 아이들에게 도움이 되는 게 없지만 가끔 아이들이 볼 만한 기사가 있으면 아이들에게 꼭 읽어 보라고 하세요. 그리고 초등 학생들을 위해서 펴내는 신문 가운데 〈굴렁쇠〉라는 신문이 있는데 읽을거리가 많더군요. 살림살이가 어려워 밥을 굶을 처지가 아니면 다른 데 조금 아껴 쓰시고, 아이들 신문 한 가지 정도는 정기 구독을 하면 좋겠어요. 돈 쓴 만큼 가치가 있을 거예요.

"20년 동안 시장 공중 화장실 청소원으로 일해 온 팔순 된 할머니가 2억 원이 넘는 돈을 장학 기관에 내놨다. 사람들이 가장 필요로 하면서도 더럽다고 외면하는 구석을 구슬땀을 흘리며 일해 온 이 할머니는, 제대로 먹지도 않고 쓰지 않으며 모아 둔 돈마저 모두 학생들에게 바치고 세상을 떠나 사람들을 숙연케 하고 있다."

이런 기사는 시시한 소설 수백 권보다 더 큰 감동을 주리라 믿어요. 이런 글을 읽고 아이들은 어떤 생각을 하게 될까요? 식구들이 둘러앉아 할머니를 생각하면서 이야기를 나누어 보면 어떨까요? 참, 신문을 보다가 믿을 만한 단체나 사람들이 권하는 좋은 책, 영화, 비디오 자료 들은 오려서 모아 두면 좋겠어요. 언젠가 도움이 될 테니까요.

■ 겨레를 살리는 우리말 공부

"우리말을 살려야 겨레가 삽니다."

아이들과 우리말 공부를 해 볼까요? 우리말이 얼마나 쉽고 아름다운지 누구나 잘 알고 있으면서 날이 갈수록 우리말의 소중함을 잊고 살아요.

일반 의약품 포장이나 설명서를 보면 우리말이 얼마나 병들었는지 금세 알 수 있어요. 한글을 아는 사람이면 누구나 쉽게 알아들을 수 있도록 써야 하는 일반 의약품 포장이나 설명서에 기면, 구기, 농양, 담마진, 동계, 반흔, 섬망, 소양감, 진전, 현훈 따위의 말을 써 놓았더군요. 약을 사고도 무슨 약인지 몰라서 먹을 수가 없을 정도로 어렵게 써 놓았어요. 우리말로 옮긴 글을 살펴볼까요.

기면→졸음, 구기→목마름, 농양→고름집, 담마진→두드러기, 동계→두근거림, 반흔→흉터, 섬망→헛소리, 소양감→가려움, 진전→떨림, 현훈→어지러움

우리말로 옮겨 놓고 다시 읽어 보니 우리말이 참 쉽고 아름답구나 싶지요? 간판들, 자동차 이름, 백화점 상품, 먹고 입고 쓰는 우리 나라 물건들이 남의 나라 말로 뒤범벅이 되어 버렸어요.

아이들과 우리말 공부를 하는 것도 뜻깊은 시간이 되리라 믿어요. 책방에 가면 《우리글 바로쓰기》, 《바른말글 사전》, 《쉬운말 사전》, 《새 우리말 갈래사전》, 《아름다운 우리말 찾아쓰기 사전》 들이 있으니 한두 권쯤 사 두면 우리말을 바로 알고 쓰는 데 큰 도움이 될 거예요.

프랑스에서 20년 동안 아이들을 가르치고 있는 말루 레리티에 선생님은 영어를 가르치지만 언제나 자기 나라 말의 소중함에 대해 강조합니다.

"다른 나라 말을 잘하는 것은 매우 중요합니다. 많은 기회를 얻을 수 있기 때문입니다. 그러나 자기 나라 말을 잘하는 것은 더욱 중요합니다."

아이들과 우리말 공부를 하기 전에 이런 이야기를 나누는 것도 좋겠습니다.

■ 책을 읽을 때는

아이들이 책을 읽을 때, 이 정도는 적어 두라고 하세요. 책 이름, 출판사, 책 읽은 날짜, 책을 산 책방, 주인공 정도는 꼭 적어 두면 좋겠어요. 이 정도라도 적어 두면 자라서 내가 언제 어떤 책을 읽었는지 한눈에 알 수 있을 테니까요. 줄거리나 독후감까지 적어 두면 좋겠지만 억지로 강요하지 마세요. 부모가 요구하는 것 때문에 아예 책읽기를 포기할 수 있으니까요.

책을 읽을 때는 어른이고 아이고 공책을 준비하면 좋겠어요. 책을 읽다가 마음에 꼭 간직하고 싶은 글은 따로 적어 두면, 언젠가 큰 도움이 될 테니까요. 동무에게나 선후배에게 편지를 쓸 때도 인용할 수 있고, 삶이 힘겨울 때 다시 읽으면서 용기를 얻을 수도 있지요. 그리고 책을 읽다가 중요하다고 생각하는 부분은 밑줄을 쳐 놓아도 좋겠어요. 좋은 책을 읽다 보면 밑줄 칠 곳이 많을 거예요. 내가 가장 밑줄을 많이 치면서 읽은 책은 《작은 학교가 아름답다》

는 책이었어요.

 책 한 권이 사람의 운명을 바꾸기도 하고, 절망에 빠진 사람을 건져 내기도 하고, 죽어 가는 사람을 살리기도 하고, 오염된 환경을 살리기도 하고, 빼앗긴 주권을 되찾고, 무너진 나라를 일으키기도 하지요.

■ 이런 영화 어때요?

 아이들이 좋아하는 폭력 영화라 할지라도 못 보게 하지 말고 함께 보세요. 폭력 영화를 보고 나면 어떤 느낌이 드는지, 마음이 어떻게 움직이는지, 이런 영화를 자꾸 보게 되면 마음이 어떻게 바뀔 수 있는지, 자기의 마음을 들여다보고 솔직하게 말해 보세요. 그래야만 '폭력 영화를 자주 보면 안 되겠구나.' 싶은 생각이 절로 들겠지요.
 비디오 가게에 가서 잘 살펴보면 폭력 영화도 많지만, 정말 식구들이 함께 볼 만한 감동이 있는 영화도 있어요. 병원 의사조차 포기한 아들을 살리기 위해 애쓰는 〈로렌조 오일〉, 수혈 과정에서 감염된 에이즈로 시한부 인생을 사는 소년과 친구의 이야기 〈굿바이 마이 프렌드〉 같은 영화들을 보고 느낀 마음을 나누어 보세요. 감잎차나 녹차라도 한 잔 나누어 마시면서 이야기를 나누면 더 좋겠지요. 영화를 본 감동보다 서로 이야기를 나누면서 더 큰 감동을 받을 수도 있고, 많은 것을 얻을 수 있을 테니까요.
 그리고, 가끔 온 식구들이 함께 볼 수 있는 좋은 영화가 들어오면 억지로 시간을 내서라도 영화관에서 영화를 보세요. '몇 달 뒤에 비디오 나오면 천 원만 하면 볼 텐데, 뭘.' 이런 생각은 하지 마시고 아이들 손을 잡고 함께 가 보세요. 식구들이 함께 볼 만한 영화가 한 해에 몇 편밖에 안 되니 다른 데 조금 아껴 쓰시고 가 보세요. 똑같은 영화라도 방 안에서 비디오 보는 느낌과는 뭔가 다를 거예요. 아버지, 어머니와 함께 시내에 나왔다는 것만으로도 아이들 마음은 들떠 있거든요.

영화관에서 부스럭거리는 과자는 사 주지 마세요. 부스럭거리면 남에게 피해를 주니까요. 그리고 영화를 보고 난 뒤에 아이들 손을 잡고 거리를 걸어 보세요. 마치 좋은 영화 속의 한 장면처럼 오래도록 가슴에 남을 거예요.

■ 용돈을 줄 때는

아이들에게 용돈을 주시나요? 한 주에 얼마나 주는지요? 나이에 따라 조금 차이는 있겠지요. 한 달 용돈을 한꺼번에 주는 부모도 있지만 제 생각에는 한 주일치를 월요일에 주는 게 좋을 것 같아요. 한 달치를 한꺼번에 주면 관리하기도 힘들고 잃어버리기도 하고 때로는 한꺼번에 다 써 버리는 수도 있거든요. 그러나 학년이 올라갈수록 보름이나 한 달에 한 번 용돈을 줄 수도 있겠지요.

용돈을 정할 때도 부모 마음대로 정하지 마시고 서로 의논해 보세요. 같은 반 동무들은 얼마나 받는지, 용돈을 받아서 어디에 쓰는지……. 어디에 쓰든 그것은 아이들 자유니 너무 꼬치꼬치 캐묻지 마세요.

아이들 용돈은 아버지가 주면 좋겠어요. 아버지 할 일이 자꾸 줄

어드는 세상이니 용돈만큼은 은행에서 미리 새 돈으로 바꾸어 두었다가 봉투에 넣어서 주면 좋겠어요. 봉투에 아이 이름도 쓰고 한마디 적어 주세요.

"바라는 것을 다 갖기에는 모자랄지 모르지만, 슬기롭게 사는 것을 배우는 데는 모자라지 않았으면 좋겠구나."

그리고 용돈을 어디에 썼는지 적어 두는 공책이 따로 있으면 좋겠지만 억지로 시키지는 마세요. 어른들보다 아이들이 더 할 일이 많으니까요. 어때요! 용돈을 주는 기쁨, 용돈을 받는 기쁨, 참 멋진 일이지요?

■ 형제끼리 싸울 때는

남자 아이든 여자 아이든 형제끼리 자주 싸워 속상할 때가 많지요. 그렇다고 애들 싸우는 데 너무 끼어들지 마세요. 다칠 정도로 크게 싸우면 마땅히 말려야겠지만요. 그리고 무엇 때문에 싸웠는지 자세하게 들은 다음 나무라든지 타이르든지 하세요. 알고 보면 별것도 아닌 일이 대부분이거든요. 만일 둘 가운데 누가 더 큰 잘못을 저질렀다는 생각이 들어도 아이들 싸움에 어른이 끼어들어 매를 드는 일이 없도록 하세요. 아이들도 다 나름대로 생각이 있고 고집도 있거든요.

겉으로는 잘못했다고 빌면서도 속으로는 때리는 부모를 원망하거나, '부모가 빨리 죽어 버렸으면 맞지 않아도 될 텐데.' 하고 생각하는 아이들도 있대요. 옛날에는 싸움을 할 때, 말싸움을 한 다음 생각하고 또 생각해서 주먹이 나갔지만 지금은 말과 주먹이 같이 나간대요. 폭력은 또 다른 폭력을 낳고 말아요. 함부로 아이들 때리지 마세요, 제발.

아무리 타일러도 말을 듣지 않고 싸울 때는 함부로 매를 들지도 못하고 속만 상하지요. 그럴 때는 큰 녀석을 데리고 밖으로 나가세요. 가까운 쉼터나 빵집에 가서 마음을 터놓고 이야기를 나눠 보세요. 아무리 큰 싸움이라도 시간이 지난 뒤에는 싱거워지니까요.

형제의 참된 정을 알게 하려면 사납고 험한 파도도 같이 넘게 해야 해요. 어릴 때부터 형제끼리 싸우지 않고 자라는 아이들도 가끔 있지만, 아이들은 서로 싸우면서 자라지요. 너무 걱정하지 않아도 된다는 말이지요. 오늘은 큰 녀석을 따로 만나 아버지가 너희들을 얼마나 사랑하는지, 형제끼리 서로 싸우면 얼마나 마음이 아픈지 말해 주세요. 그래도 다음에 또 싸울 때는 큰 녀석 몰래 작은 녀석을 데리고 나가세요. 아버지가 너희들을 얼마나 사랑하는지, 형제끼리 서로 싸우면 얼마나 마음이 아픈지 말해 주세요.

■ 부부 싸움은 밖에서

아이들 보는 앞에서 부부 싸움은 하지 마세요. 더구나 목소리를 높여 싸우는 것은 온 식구를 괴롭히는 일이에요. 부부 싸움은 아이들이 잘 때에도 하지 마세요. 자는 체하면서 다 듣고 있거든요. 부모가 서로 싸우면 아이는 마음이 불안해서 밤새 깊이 잠들지 못하고 뒤척일 거예요.

부부 싸움은 아이들이 없는 시간에 하고 아이들이 있으면 밖에 나가서 싸우세요. 아이들이 없을 때를 기다리다 보면 화가 풀리고, 밖에 나가는 사이에 화가 풀리니까요. 부부가 싸우지 않고 살 수는 없지만 싸울 때도 언제나 때와 장소가 있다는 것을 꼭 기억해 두세요. 만일 아이들 보는 데서 부부 싸움을 했다면 아이들 보는 데서 마음을 푸세요. 그것도 좋은 공부가 될 테니까요. 부모가 자주 싸우는 모습을 보고 자란 아이는 커서 무엇이 될까요? 그야 뭐, 싸움꾼이 되겠죠.

■ 아버지를 선생님이라 불러라

제 자식 가르치기 참 힘들다고 하지요? 학교 선생님 말은 잘 들어도 부모 말은 잘 안 듣는 게 아이들이니까요. 아이가 성적을 걱정하지 않을 정도면 부모가 가르칠 필요가 없겠지만, 성적이 자꾸 떨어지거나 공부에 흥미를 못 느낄 때는 부모가 집에서 틈틈이 가르치는 게 좋겠지요.

좋은 부모가 되려면 아이의 성장에 따라 부모도 끊임없이 함께 배워서 가르쳐야 해요. 공부를 가르칠 때는 아버지와 자식 사이가 아니라 스승과 제자 사이가 되어 가르치는 게 좋을 것 같아요. 공부 시간만큼은 '아버지'라고 부르지 말고 '선생님'이라고 부르게 하면 어떨까요? 아이는 아이대로 아버지는 아버지대로 서로 짜증 내지 않고, 기분 좋게 배우고 가르칠 수 있을 테니까요.

학교 성적을 올려 주는 공부도 중요하지만, 가끔 하루하루 살아가면서 보고 듣고 느끼고 겪는 일을 서로 나눠 보는 것도 훌륭한 공부가 되겠지요.

■ **자주 안아 주세요**

"태어난 지 얼마 안 된 쌍둥이 가운데, 왼쪽 아이가 몸이 너무 안 좋아서 인큐베이터 속에서 혼자 죽음을 맞이할 수밖에 없었습니다. 이 아이를 불쌍히 여긴 한 간호사는 병원 수칙을 어기며 두 아이를 한 인큐베이터 속에 넣어 두었습니다. 그러자 건강한 오른쪽 아이가 자신의 팔을 뻗어 아파하는 아이를 포옹하는 일이 벌어졌습니다. 그 뒤부터 놀랍게도 왼쪽 아이의 심장 박동도, 체온도, 모두 정상으로 돌아오고 건강을 되찾게 되었습니다."

생활 정보지에서 읽은 글이에요. 사랑보다 더 좋은 약이 없다는 것을 감동스럽게 나타낸 글이지요. "미운 자식 밥 한 그릇 더 준다."는 말처럼, 가끔 자식이 밉게 보일 때일수록 자주 안아 주세요. 부모의 따뜻한 품속에 안긴 아이는 세상에 무서울 것도 없고, 부러울 것도 없을 테니까요. 하늘나라가 있다면 부모님 품속 같은 곳이 아닐까 싶어요. 아이를 자주 안아 주세요. 안아 주는 것만으로도 놀라운 일이 벌어질 테니까요.

■ 아이들 글쓰기는 편지 쓰기부터

입에서 나온 말은 사람의 귀에 쓴 경우가 있지만 마음에서 우러나오는 글쓰기는 맺힌 마음을 풀어 주지요. 그런데 글짓기 학원에 다니는 아이들을 보면 참 딱하다는 생각을 지울 수가 없어요. 글을 쓰고 싶어서 가는 아이는 몇 안 되고 엄마가 보내서 억지로 다니는 아이들이 많으니까요. 학교 성적을 잘 받기 위해서 글쓰기를 한다니 가슴 아픈 일이지요. 이런 글쓰기는 사람을 살리는 약이 되는 것이 아니라 독이 되는 것이지요.

아이들에게 억지로 글을 쓰게 하지 마세요. 글이란 쓰고 싶어서 써야 하니까요. 그래야 닫혔던 마음이 활짝 열리고 슬픔이 기쁨으로, 거짓된 삶이 참된 삶으로 바뀌어 가겠지요. 삶 속에 글쓰기가 배어 있는 사람은 어떤 고난이 닥쳐와도 스스로 이겨 나가리라 믿어요. 성적이 떨어졌다고, 친구들에게 놀림을 받았다고 자살하는 아이에게 글쓰기를 제대로 가르쳤더라면 스스로 맺힌 마음을 풀었을 텐데…….

아이들이 어떻게 하면 글쓰기를 싫어하지 않고 자신의 삶을 잘 가꿔 나갈 수 있을까요? 참 어려운 일 같지만 조금만 애쓰면 쉬운 일이에요. 부모에게나 친구에게 편지 한 장 쓸 줄 모르는 사람이 시를 쓰고 소설을 쓸 수는 없겠지요. 글이란 가슴에 쌓여서 하고 싶은 말을 꾸밈없이 솔직하게 쓰면 누구나 감동하게 마련이지요.

먼저 편지 쓰는 것부터 가르쳐 보세요. 편지란 마음을 적어 보내는 것이니 거짓이 없거든요. 더구나 글쓰기는 아이나 어른이나 아주 힘들어하지요. 그렇게 힘들게 생각하는 글쓰기 공부도 편지 쓰는 것부터 시작하면 쉽게 풀 수 있을 거예요.

날마다 다투는 형이나 아우에게, 다정한 친구에게 또는 선생님에게, 가장 쉽게 만날 수 있는 사람들에게 하고 싶은 말을 말하듯이 쓰라고 하세요. 아이들에게만 시키지 마시고 어른들도 함께 써 보세요. 맨날 바쁘고 힘든 하루지만 한 주에 한 번쯤 아니면 한 달에 한 번쯤이라도 식구들 글쓰기 시간을 정해 놓으면 더 좋겠지요. 글을 쓴 다음 함께 나눠 읽어 보세요. 금방 서로의 마음을 알게 될 거예요. 그래야 아이들이 글쓰기를 좋아하게 되고 마음도 넓어지고 생각도 깊어지겠지요.

■ 가훈

집집마다 가훈이 있으면 좋겠어요. 벽에 좋은 그림이나 사진을 걸어 두는 것도 좋지만 가훈을 걸어 두는 것도 참 좋을 거예요. 조상 대대로 내려오는 가훈이 있으면 굳이 바꿀 필요가 없지요. 그러나 가훈이 아무런 뜻이 없거나 너무 어려운 한자말이라면 서로 의논하여 바꿀 수도 있겠지요. 뜻이 살아 있는 우리말이 많으니까요.

서로 의논해서 가훈을 정했으면 알맞은 크기로 잘 쓴 다음 액자를 만들어 벽에 걸어 두세요. 그리고 가훈을 정한 날, 정한 사람들, 뜻을 잘 적어서 액자 뒤에 넣어 두세요. 그러나 눈에 보이는 액자보다 마음으로 볼 수 있는 액자가 더 소중하다는 걸 잊지 마세요.

가훈 : 천천히, 분명하게 걸어가자

정한 날짜 : 2004년 8월 15일

정한 사람 : 아버지 서정홍, 어머니 한경옥, 큰아들 서영교, 작은아들 서인교

가훈의 뜻 : '천천히, 분명하게 걸어가자' 는 얼른 들으면 아주 평범한 말인 듯싶지만 이 말만큼 어려운 말도 없을 것입니다.

첫째, '천천히' 란 말은 남을 짓밟고 혼자 앞서 가는 것이 아니라 남과 함께 간다는 뜻이 들어 있어요. 남과 함께 가기 위해서는 대화도 필요하고 기다림도 필요하기 때문입니다.

둘째, '분명하게 걸어가자' 는 말은 무슨 일이든 원칙을 지켜 나간다는 뜻이 들어 있어요. 우리는 무언가 그럴듯하게 이야기하던 사람이 말이 엇갈리는 경우를 보는데 그것은 원칙이 없기 때문이지요. 원칙을 지켜 나가는 사람은 남에게 너그럽지만 자기 자신에겐 엄격하니까요.

2부
나무가 소리 없이 자라듯이

아이들이 하루를 어떻게 사는지
잘 살펴보세요. 아침에 겨우 일어나
아침밥 먹고 억지로 학교 갔다가,
집에 돌아와서 쉴 틈도 없이 학원
몇 군데 갔다가, 지쳐서 집에 돌아오면
숙제하고, 텔레비전 보다가, 컴퓨터
앞에서 게임을 하거나 채팅을 하다가
잠자리에 들어요.

■ 가난이 우리 아이들을 잘 키웠어요

"아버지, 저는요 어른이 되면 엄마 같은 여자 만나서 아버지처럼 살고 싶어요."

오랜만에 식구들 둘러앉아 저녁밥 먹으면서 우리 집 막내아들 인교가 말하더군요. "이 녀석아, 아버지처럼 사는 게 무어 좋다고?" 하면서도 아내와 나는 그 말을 듣고 참 행복했답니다.

고등 학교 3학년이 되기까지 단칸방에서, 때론 열세 평 아파트에서 두 가구가 함께 살기도 하면서, 아직도 작은 집 한 채 마련하지 못하고 이리저리 쫓겨다니며 살고 있는데 아버지처럼 살고 싶다……. 아내와 나는 그 말을 듣고 미안하기도 했지만 밤새 가슴이 따뜻했어요.

며칠 전에는 아들녀석 방에 둘 조립식 옷걸이를 조립하다가 그만 스프링이 빠져서 고장이 났어요. "에이, 고장났으니 바꿀 수도 없고 고마 버려야겠다." 했더니, 옆에서 지켜보던 아들이 "아버지, 버리기는 왜 버려요? 제가 어쨌든 고쳐 쓸 테니까 그대로 두세요." 하더군요. 만 원짜리 옷걸이라고 우습게 생각했던 내가 얼마나 부끄러웠는지 모릅니다.

지난날을 가만히 뒤돌아보니, 가난이 우리 아이들을 잘 키웠구나 싶었습니다.

■ 아저씨, 집 하나 사 주세요

아들녀석 생일에 우연히 고향 친구가 찾아와 "영교야, 생일 선물 뭐 사 줄까?" 하고 물으니 "아저씨, 집 하나 사 주세요." 하더군요. 농담삼아 한 이야기지만 아이들이 집 없는 서러움을 이렇게 느끼는가 보다 싶었어요. 여태껏 한 번도 자기 방을 갖지 못하고 셋방살이만 했으니……. 가난하고 못난 부모 탓이지요.

하지만 말입니다. 게을러서 가난한 것은 죄가 되겠지만 어쩔 수 없는 처지 때문이거나 스스로 가난하게 사는 사람도 있으니 가난한 것이 부끄럽거나 죄가 되는 것은 아니겠지요. 그 날 밤 아들녀석에게 이렇게 말했답니다.

"영교야, 남을 속이거나 남의 것을 탐내다가 감옥에 가는 사람들보다야, 집이 없고 먹을 게 모자라도 마음이 편한 사람이 더 행복하지 않겠나? 그러니까 집 없다고 기죽을 필요 없다 아이가. 조금 불편하게 살아 봐야, 다음에 집을 사면 고마운 줄 알제."

아버지가 아무리 좋은 말을 한다고 해도 아이들이 그대로 받아들이기는 쉽지 않겠지요. 작은 것이라도 제 것을 소중하게 여기고 만족할 줄 아는 아이로 자라게 하려면, 아버지가 어떤 처지에서든지 흔들리지 않고 바르게 살아야겠다는 생각이 들었어요.

가난하다는 말은 너무 적게 가진 사람을 두고 하는 말이 아니라, 더 많은 것을 바라는 사람을 두고 하는 말이라지요. 조금 더 편하게 조금 더 넉넉하게 살기 위해 바동거리는 이웃들 삶 속에 제 얼굴이 섞여 있으니 저도 아직 생각이 얕은가 봅니다.

■ 무엇을 사 줄 때는

가족 회의 때 영교 신발 사 주기가 안건으로 올라왔어요.
"아버지, 신발 밑창이 떨어져서 물이 들어와요. 비가 안 오면 괜찮은데, 요즘처럼 비가 자꾸 오는 날은 양말이 다 젖어 버려요. 신발 하나 사 주세요."
그 말을 듣고 아내가 말했어요.
"우리 아들 장하네. 물이 들어오는 신발을 신고 다녔다 이거제? 다른 애들 같으면 그 날 당장 신발 사 달라고 졸랐을 낀데……."
어릴 적부터 검소하게 사는 버릇이 든 아이들을 보면서, 부모가 더 배울 게 많다는 생각이 들어요. 부모가 잘나서가 아니라 가난이 우리 아이들을 잘 키웠어요.
아이들은 사 달라는 것도 많고, 하고 싶은 일도 많아요. 장난감, 책, 옷, 신발, 컴퓨터, 자전거……, 더구나 날이 갈수록 유명 상표만 찾는 아이들이 늘어 가지요. 유명 상표 바람에 가난한 이웃들은 더욱 허리를 졸라매야 하니 참 안타까운 일이에요.
부모가 땀 흘려 번 돈으로 큰맘 먹고 사 주면 얼마 동안은 잘 아끼고 챙겨 두지만, 며칠 지나면 아무 데나 내팽개치고 챙기지도 않아요. 그러니 아이들이 무엇을 사 달라고 조를 때는 돈이 있다 하더라도, 바로 그 자리에서 사 주지 마세요. 사 달라고 할 때마다 바로 사 주면 제 물건 귀한 줄 모를 뿐 아니라, 억지를 부리면 뭐든지 사 준다고 생각하는 나쁜 버릇이 드니까요.
사 줄 때는, 어느 정도 기간을 두고 약속을 하세요. "보름 뒤, 아버지 월급날 사 주마." 하고 약속을 하면 그 날을 기다리면서 기쁨에 젖어 있겠지요. 그리고 그 날을 기다리면서 돈을 귀하게 여기고 아버지의 땀방울을 생각할지 누가 알겠어요?

■ 돈 귀한 줄 알아야

　버스비 8백 원이 아까워서 학교까지 40분 남짓 걸어다니는 아들녀석을 보면서 '벌써 저 녀석이 돈맛을 알았나?' 싶었는데 알고 보니 그게 아니었어요. 겨울 방학 때 아르바이트를 하면서 돈이 얼마나 소중한지 알았기 때문이래요. 하루 내내 꼼짝 못 하고 앉아 잡곡 포장하는 일을 하면서 한 시간에 2천 원 받았대요. 그래서 버스비 1,600원이 아깝다는 생각이 들었다구요. 그래서 그 추운 겨울날에 어른들도 걸어가기가 쉽지 않은 거리를 걸어다녔대요.
　우리 할아버지 살았을 적에 "사람은 머리 싸매고 공부를 해서 사람이 되는 것이 아니라, 땀 흘려 일을 해야 사람이 된다."고 하시더니 그 말이 딱 맞구나 싶더군요.
　그 날부터 아내와 나는 조금 더 가난하게 살기로 했어요. 자식이 제 용돈을 스스로 벌기 위해 저렇게 애쓰는데 부모가 함부로 살면 안 되니까요.

■ 모두가 어른들 잘못

　일터에서 함께 일하는 원성이 아버지는, 몸이 약한 아들녀석을 검도 도장에 보냈대요. 이제 초등 학교 4학년이라 부모가 억지로 가라고 하면 가기 싫어도 가야 하는 나이지요. 그런데 엊저녁에 아무엇도 아닌 일로 어린 동생을 때리고 차고 욕을 하기에 벌을 세웠대요. 원성이는 아무 대꾸도 하지 않고 벌을 서더니 제 엄마에게 가서 이렇게 말했다네요.

"엄마, 내가 검도 조금 더 배워서 아버지 찔러 버릴 거야."

원성이 아버지는 그 말을 듣고 밤새 잠을 이루지 못했대요. 처음으로 자식 키우기가 무섭다는 생각이 들어서랍니다.

하루 일을 마치고 원성이 아버지와 술 한잔 나누면서 정말 요즘 아이들 무섭구나 싶더군요. 어쩌다가 우리 아이들이 이 지경까지 왔는지 가만히 생각해 보니 아이들 잘못이 아니구나 싶어요. 편하게 살겠다고 고향인 농촌을 다 버리고 도시 콘크리트 건물에 갇혀, 살아남기 위해 서로 속이고 괴롭히면서 살고 있는 어른들 잘못이구나 싶었어요. 흙 냄새, 풀 냄새, 나무 냄새를 모르고 자라는 아이들만 불쌍하지요.

원성이 아버지는 실망과 분노로 화를 풀지 못해서 술을 마시고, 나는 원성이가 불쌍해서 술 한잔 제대로 마시지 못했어요. 남의 일 같지 않으니······.

■ 간디 학교에서 희망을 보았다

큰아들 영교가 지리산 골짝에 있는 간디 학교에 입학하던 날이었어요. 대안 학교라 서툴고 어색한 것도 많았지만, 그 흐트러짐 속에는 말로 나타낼 수 없는 신비스런 자유가 넘실거렸어요. 보통 사람들이 보기에는 그냥 허름한 집 한 채 정도로 보였을 작은 학교에 무엇이 있기에······.

한 학년이 스무 명밖에 안 되는 이 작은 학교 강당에는 이런 글이 붙어 있어요.

"배운다는 것은 자신을 낮추는 것이다. 가르친다는 것은 다만 희망에 대해 이야기하는 것이다."

이 짧은 글이 몇 년이 지난 지금까지 나를 따라다니며, 희망이 없는 시대일수록 희망을 노래하라고 해요.

아름다운 자연 속에서 몸과 마음이 튼튼하게 자라야 할 아이들이, 스스로 목숨을 끊거나 술을 마시고 담배를 피우며 밤늦도록 거리를 헤매고 있다는 신문 기사나 뉴스를 자주 보고 듣지요. 이런 아이들이 날이 갈수록 두세 배 늘어나는데도, 우리는 마치 남의 일처럼 여기며 살고 있어요. 당장 내 아이가 집을 뛰쳐나가거나 죽어야 '내 일처럼' 받아들이지요.

아이들을 한낱 공부 벌레로 바라보고 기계처럼 대하는 나쁜 국가, 나쁜 사회, 나쁜 학교, 나쁜 교사, 나쁜 부모, 나쁜 선배 들이 아이들을 '죽음의 길'로 몰아넣는 살인자라고 한다면 지나친 표현일까요?

■ 나무가 소리 없이 자라듯이

큰아들 영교가 텔레비전에 나오는 가수처럼 머리를 노랗게 물들이고 스프레이를 뿌려요. 처음엔 어이가 없더군요. 한 대 콱 쥐어박고 싶은 충동을 참느라고 속이 터질 것 같았지요. 부글부글 끓는 속을 겨우 가라앉히고 '내가 저 나이 때는 무얼 했지?' 생각하니 금세 아이들 마음을 조금은 알 것 같았어요.

내가 저 나이 때는 긴 머리와 나팔바지가 유행이었지요. 그리고 사지도 않을 참고서 값을 어머니에게 받아 내어 동무들이랑 옷가게 앞을 어슬렁거리기도 하고, 목적도 없이 극장 골목을 돌아다녔지요. 그 때를 생각하니 아이를 이해하지 못하는 내 속이 참 좁구나 싶더군요. 나무가 세찬 비바람 견디며 소리 없이 자라듯, 사람 사이의 믿음도 세찬 비바람 견디며 서로 이해하려고 애쓸 때 소리 없이 자라는 것을……

한창 유행을 따르고 싶은 나이 때는 아무리 좋은 이야기도 귀에 들어오지 않는답니다. 그 나이 때는 남에게 피해를 주지 않고 자라는 것만으로도 아주 잘 사는 것이지요. 아이들이 말하는 유행이란, 나뭇가지의 잎과 같아서 한 잎이 지면 그 뒤에 또 다른 잎이 나는 것과 비슷하지요. 멋과 유행에 흔들리는 아이들보다, 날이 갈수록 제 욕심과 편안함을 위해 이웃도 모르고 살아가는 어른들의 '못된 유행' 이 더 걱정이에요.

우리 아이들이 얌전하게 자라는 것보다 멋을 내고 싶을 때 멋을 낼 수 있는 자유를 주는 것이 훨씬 더 좋겠다는 생각이 듭니다. 아이들에게 자유를 주는 일만큼 고귀한 일은 없다고 하잖아요. 이제 저도 조금씩 '아버지 자리' 를 찾아가나 봅니다.

■ 야, 저기 통닭 걸어간다!

제가 덕유산 기슭 산골 마을에서 농사를 짓고 있을 때, 도시에서 잘 알고 지냈던 분들이 아이들을 데리고 놀러 오고는 했습니다. 누구네 아이 할 것 없이 비슷하겠지만 큰 도시에서 사는 아이들일수록 마음이 자연과 멀어져 있다는 것을 느낄 수 있더군요.
 우리 집에 놀러 온 도시 아이들이 마당에 돌아다니는 닭을 보고 "야, 저기 통닭 봐라, 맛있겠다. 살이 통통하게 찐 닭다리는 내 거다." 하더군요. 닭에게 돌을 던지기도 하고 쫓아다니면서 괴롭히는 모습을 보고 기가 막혀 말이 나오지 않았어요. 살아 있는 닭이 아이들 눈에는 오직 기름에 튀겨서 뜯어 먹는 통닭으로만 보인다니요?
 시멘트 건물 속에서 태어나, 시멘트 건물 속에서 자라고, 시멘트 길을 밟으며 살고 있는 도시 아이들이 이렇게 불쌍하게 보인 적은 없었어요. 저 불쌍한 아이들을 위해서 하늘과 땅이 있고 그 사이에 온갖 생명이 숨쉬고 있는데…….
 아이들이 살아 있는 생명을 올바른 눈으로 바라볼 수 있도록 하려면, 자연과 함께 어울릴 수 있는 기회를 많이 갖도록 해야겠지요. 흙이 없으면 금세 시들어 버리는 식물처럼 우리도 흙이 없으면 하루도 살지 못하고 시들어 버리고 말아요. 우리 아이들이 흙을 밟고 자연 속에서 살면 얼마나 좋을까요?

■ 수학 여행 가서 술 마시는 아이들

 초등 학교 수학 여행을 다녀온 둘째 인교가 말했어요.
 "아버지, 우리 반 여자 애들은요 밤만 되면 술 마셔요. 2천 원씩 모아서 맥주랑 새우깡 사서 '쨍' 하고 마셔요."
 나는 놀라지 않으려고 애를 쓰면서 물었어요.
 "아, 그래? 여학생들이 술 마실 때 남학생들은 뭐 하는데?"

"남학생들은 술은 안 마시고 화투나 카드 놀이를 해요. 어떤 애들은 짤짤이를 하고요. 돈 따먹기요."

어쩌다가 우리 사회가 여기까지 왔을까 생각하니 앞이 캄캄했어요. '하긴 이게 다 우리 어른들이 뿌려 놓은 씨앗이지, 누굴 원망하겠어?' 싶어요. 앞으로 이 아이들이 자라서 술을 마시다가 폐인이 되기도 할 것이고, 빚을 갚지 못해 신용 불량자가 되거나 스스로 목숨을 끊기도 하겠지요. 지금 어른들처럼.

아이들을 살리는 길은 단 한 가지밖에 없어요. 말뚝도 한 개 박아 놓으면 힘이 없듯이, 우리 함께 부끄럽지 않게 사는 거, 그것밖에 없어요.

■ 아이가 돈을 뺏기고 왔어요

막내아들 인교가 요즘 말이 없어졌어요. 밥도 잘 먹고 인사도 잘하던 녀석이 갑자기 얌전해졌으니 무언가 걱정거리가 생겼구나 싶더군요.

"인교야, 요즘 무슨 일 있제?"

"아니요. 아무 일 없는데요."

"그럼 왜 요즘 시무룩한데?"

"그냥요."

아무리 물어도 대답을 안 하기에 영교에게 물었어요.

"영교야, 요즘 인교한테 무슨 일 있제?"

몇 번이나 물었더니 영교가 겨우 대답하더군요.

"아버지, 지난 주부터 인교 학교 갔다 올 때만 되면 나쁜 녀석들이 아파트 앞에 기다리고 있다가 괴롭혔대요. 돈도 빼앗고, 부모님한테 이르면 가만 안 둔다고 협박도 하고……. 그래서 제가 오늘 그 녀석들 만나서 혼내 줬어요."

"그럼 됐네. 그런데 왜 아직도 시무룩하노?"

"걔들이 또 아파트에 나타날까 봐 걱정이래요. 괜찮다고 했는데……."

아비로서 부끄럽더군요. 한 지붕 아래 살면서 아이가 무엇을 고민하는지도 모르고 지냈으니. 세상이 날이 갈수록 메마르고 무서운 일이 자꾸 일어나니 부모 마음은 늘 불안해요. 아이들이 어릴 때는 우는 소리만 들어도 배가 고파 우는지 몸이 아파서 우는지 알 수 있었는데, 지금은 관심 깊게 살펴보지 않으면 모를 때가 많아요. 아이들은 자랄수록 고민거리도 커진답니다. 고민거리를 스스로 풀지 못하는 나이라 하루하루 관심을 가져야 해요. 그래야만 대책을 세워서 도울 수 있으니까요.

■ 돈을 빌려 줄 때는

친구한테 한 달 용돈을 다 빌려 주고 그 돈을 받지 못해서 끙끙거리는 아들녀석을 보면서 아이들 세계도 어른들 세계와 똑같구나 싶었어요.

"인교야, 친한 친구일수록 돈 관계는 안 하는 게 좋다. 정말 친구가 돈이 필요하다고 하면 그냥 줘야지. 빌려 준다는 말은 받을 거 생각하고 주는 거잖아. 만일 빌려간 친구가 무슨 사정이 생겨 못 주면 어쩔 낀데? 그 친구하고 말 안 할 끼가?"

"아버지, 왜 말을 안 해요? 친군데."
"만일 니가 빌려 준 돈을 안 받는다 해도 그 친구는, 니 얼굴만 보면 미안한 마음이 들지 않겠나?"
"언젠가 돈이 생기면 갚겠죠, 뭐."
"봐, 언젠가 받을 생각을 하잖아."

동무를 원수로 만드는 가장 좋은 방법은 돈을 빌려 주는 일이에요. 돈을 빌려 주거나 꾸는 일이 결코 도덕에 어긋나는 일은 아니라고 믿지만, 그리 쉬운 일이 아니지요.

어른이나 아이나 남에게 돈을 빌려 줄 때는 받을 생각을 하지 말고 줘야 해요. 돈 때문에 사람까지 잃게 될까 싶어서 하는 말이지요. 그러나 빌린 돈은 꼭 갚아야 해요. 갚지 않으면 남의 노동을 빼앗는 것이고, 사람과 사람 사이의 믿음을 스스로 저버리는 짓이니까요.

돈 관계는 아이들이나 어른들이나 늘 골칫거리네요. 돈은 주고받으면 그만인데 돈 때문에 사람을 지지고 볶고, 죽이기까지 하지요. 그러니 아이들에게 남의 물건이나 돈을 소중하게 여길 수 있도록 잘 가르쳐야 해요.

■ 친구를 잘 사귀고픈 아들을 위해

친구를 잘 사귀는 아이들은 어디에 가더라도 잘 어울려 놀 줄 알아요. 반대로 친구를 제대로 사귀지 못하는 아이들은 왕따를 당하기도 하고 공부에 흥미를 잃기도 하지요. 친구를 잘 사귀지 못하는 아이는 타고난 성격도 있겠지만, 부모의 삶이 아이들을 그렇게 만든 것은 아닌지 잘 살펴보아야 해요.

　우리 집에는 자주 손님들이 와서 밥을 나누어 먹고, 자고 가기도 해요. 아이들이 자라면서 때론 불편하게 느끼기도 했지만, 불편함보다는 아이들한테 더 큰 도움이 되었어요. 사람들과 밥을 나누어 먹고 밤늦게까지 차 한 잔 하면서 이야기를 나누는 부모의 삶을 보고, 아이들도 자주 친구들을 데리고 와서 우리밀 라면을 끓여서 밥을 말아 먹기도 하더군요.

　우리밀 라면을 한 상자 사 두었는데 사흘도 가기 전에 다 없어졌기에 물어 보았더니, 친구들과 다 끓여 먹었다고 하더군요. 그것도 아주 자연스럽게 말하더군요. 친구들을 집에 데리고 와서 함께 음악을 듣고 이야기를 나누는 아이들을 볼 때마다 '그 부모에 그 아들이네.' 싶었어요. 제 경험으로는 남한테 자기 것을 나누어 주는 마음만 있으면 친구를 사귀는 데는 큰 어려움이 없을 것이라고 믿어요.

　아이가 친구를 사귀지 못해서 쩔쩔맨다면 교육 학술 정보원 학부모 지원 센터에서 나온 아래 글을 읽어 보고 실천해 보면 큰 도움이 될 거예요.

1. 아이가 혼자서 제 일을 하도록 북돋워 주는가?
2. 혼자 자기 일을 결정하도록 격려해 주는가?
3. 결정을 하는 데 필요한 도움을 주는가?
4. 용돈 얼마쯤은 아이가 스스로 벌도록 이끌어 주는가?
5. 저축을 하도록 하는가?
6. 다른 이를 위해 애쓰는 즐거움을 느낄 수 있는 기회를 주는가?

7. 아이가 단체 활동에 참가할 기회를 만들어 주는가?
8. 친구들을 집으로 데려오도록 하는가?
9. 아이의 친구들이 다시 집에 찾아오고 싶도록 친절히 대해 주는가?
10. 내 친구들을 집으로 데리고 오기도 하는가?
11. 우리와 형편이 다른 집 아이들과 친구가 되도록 하는가?

■ 똥 눌 때 신문 보지 마세요

변소에 가면 보통 20분이나 앉아 있는 큰아들 녀석 버릇을 고치려고 잔소리를 많이 합니다. 변소는 하나인데 그렇게 오래 앉아 있으면 급한 사람들은 어떻게 하냐고 윽박질러 보기도 했지만 아무런 소용이 없어요.

변소에 오래 앉아 있는 까닭은 신문이나 책을 가지고 들어가기 때문이지요. 5분이면 볼일을 다 볼 수 있어야 하는데 신문이나 책을 보느라고 오래 앉아 있는 것이지요. 하는 짓이 하나부터 열까지 내 모습하고 똑같으니 할 말은 없지만, 그래도 나쁜 버릇은 고쳐야겠지요. 우선 나부터 변소에 갈 때 신문을 들고 가지 않기로 했어요. 그리고 왜 신문을 들고 들어가면 안 되는지 설명을 했지요.

"사람의 항문은 하루에 5분에서 10분 남짓 똥을 눌 수 있도록 만들어졌다. 멀쩡한 자동차 문도 하루에 수십 번 열었다 닫았다 하면 자연스럽게 고장이 나잖아. 사람의 항문도 똥을 누지도 않으면서 자꾸 열었다 닫았다 무리하게 되면 변비와 치질이 생기는 거라. 그리고 냄새 나는 변소에 오래 앉아 있어 봐야 좋을 게 뭐

있노. 치질 걸리면 수술까지 해야 하는데. 치질 걸려서 고생하는 학생들 많제? 그게 다 변소 안에서 신문이랑 책을 보기 때문이라 카더라."

무조건 이것 하지 마라, 저것 하지 마라 하면 더 하고 싶은 게 아이들 마음이지요. 그래서 조금 귀찮더라도 아버지가 스스로 공부해서 알아듣기 쉽고 재미있게 가르쳐 주어야 한다고 생각해요. 삶이란 어른이고 아이고 하루하루 배우면서 사는 거니까요.

■ 스스로 일어날 수 있도록

아침 일찍 잘 일어나던 아이들이 한두 번 늦잠 자는 버릇이 생기더니, 요즘은 맨날 늦잠을 자고 억지로 깨워야만 일어나요.
"영교야, 인교야! 학교 갈 시각이다. 고마 일어나라."
"일어날 끼가? 안 일어날 끼가? 한 번만 더 깨워서 안 일어나면 밥상 치워 뿌린다."
"이 녀석들 봐라. 정말 안 일어날 끼가? 학교 가기 싫다 이거제?"

아침마다 '전쟁'을 치르는 아내와 아이들을 봅니다. 그래서 아이들에게 아침 운동을 함께 하자고 제안을 했어요. 나쁜 버릇은 하루 빨리 고쳐 주는 게 부모의 도리니까요.

아침 운동하기로 마음먹었으면 아이들과 의논해서 일어나는 시각을 정하는 게 좋겠어요. 늦잠 자는 버릇이 있는 아이들은 억지로 깨우지 말고, 탁상 시계를 맞춰 놓고 스스로 일어날 수 있도록 해야지요. 공부든 운동이든 스스로 마음먹고 해야만 즐겁고 몸에도 좋아요. 탁상 시계는 손이 쉽게 닿지 않도록 높은 곳에 두어야 해요. 침대 옆에 두고 자면 자기도 모르게 꺼 버리니까요. 그래도 안 일어나면 지각하든 말든 깨우지 말고 그대로 두세요. 그래야 버릇이 고쳐지니까요.

아무리 애써도 잠버릇 고치기가 어려우면 이렇게 해 보세요.

먼저 지나치게 배가 부르거나 배가 고프지 않도록 저녁밥 먹는 시각을 조절하고, 날마다 정한 시각에 자게 해 보세요. 일찍 자야 일찍 일어날 수 있으니까요. 그리고 잠들기 전에 따뜻한 물로 몸을 씻게 하고, 방은 어둡고 조용하게 하도록 해 주세요. 잠옷은 얇게, 이불은 가볍게, 요는 딱딱한 것으로 준비해 주시고, 자기 전에 조용한 음악을 듣도록 하면 늦잠 자는 일은 많이 줄어들 거예요.

아이나 어른이나 잠을 잘 자고 나면 몸이 개운하고 머리도 맑아져요. 사람이 살면서 잠만큼 편안한 것이 없어요. 잠은 헝클어진 마음을 다듬어 주고 고단한 몸을 풀어 주기 때문이지요.

■ 두 번이나 읽고 울었대요

여름 방학 때, 권정생 선생님이 쓴 동화책 《몽실 언니》를 두 번이나 읽고 울었다는 인교를 데리고 옥상에 올라갔어요. 동화책을 보면 송충이 보듯이 슬슬 피하던 녀석이, 얼마나 감동을 받았으면 두 번이나 읽고 울었다고 하는지 알고 싶었어요. 아내와 영교도 따라오더군요.

인교가 책 이야기를 어찌나 잘 하는지 마치 영화를 보는 것 같았어요. '이 녀석에게 이런 면도 있었구나.' 싶더군요. 내가 사다 준

책을 한 권도 제대로 읽지 않던 녀석이 자기가 산 책은 두 번이나 읽고 눈물까지 흘렸다니 처음에는 쉽게 믿어지지가 않았어요.

저는 여태껏 아이들 수준에 맞는 책을 골라 주기보다는 내 생각에 좋다고 판단한 책을 주고는 억지로 읽으라고 윽박지르던 아버지였어요. 아이를 함부로 판단한 못난 아버지였지요. 사 준 책 다 읽지 않으면 "앞으로 책 사 달라는 소리는 꺼내지도 말그래이." 하고 큰소리만 떵떵 치던 아버지였지요. 이렇게 못난 아버지가 《몽실 언니》덕분에 더 이상 못난 아버지가 되어서는 안 되겠다는 다짐을 했답니다.

■ 책방으로 소풍 가자

마산 성호 초등 학교 5학년 류지용 어린이는 학교에서 집으로 가는 길에 책방에 들러 맨날 놀다 간대요. 책을 구경하고 읽고 간다는 것이지요. 어떤 날은 책 한 권을 다 읽고 가는 날도 있어요. 아무리 오래 있어도 점원 누나들이 아무 말도 안 한대요. 학급 문고나 학교 도서실에 없는 책들도 여기에 오면 얼마든지 있으니 정말 신나는 일이지요.
 나는 초등 학교 다닐 적에 학교 옆에 있는 헌 책방에 자주 가고는 했는데, 요즘은 헌 책방은 구경하기도 어렵지요. 그때나 지금이나 나는 한 달에 한두 번쯤, 틈을 내어서 꼭 책방에 간답니다. 책방에 가는 날은 마치 소풍 가는 마음처럼 즐겁답니다. 책 두세 권 사기 위해 서너 시간 남짓 새 책들을 읽고 살펴보는 기분은 무어라 말로 나타낼 수 없는 큰 기쁨입니다.
 세 살 버릇 여든까지 간다고 하잖아요. 아이들이 책과 가까이 지낼 수 있도록 책방에 자주 데리고 가면 좋겠어요. 억지로 책을 읽으라고 말하는 것보다 책방에 가서 제 스스로 눈으로 보고 느낄 수 있도록 해야지요. '책방에 이렇게 많은 사람이 책을 사러 오는구나. 나도 책을 읽어야겠네.' 하는 생각이 저절로 들 수 있도록.

■ 풀꽃 이름 몇 개나 아나요?

 아이들과 길을 가다가 틈만 나면 풀과 꽃 이름을 가르쳐 주었더니, 가끔 잘 아는 풀이나 꽃을 보면 자랑삼아 말을 해요.
 "아버지, 이건 강아지풀이고 저건 괭이밥이지요?"
 "와, 우리 아들 보기보다 똑똑하네. 게임만 잘 하는 줄 알았더니 풀, 꽃 이름도 다 알고."
 사람한테도 이름이 있듯이 나무와 풀꽃과 곤충 들도 모두 이름이 있다는 것을 알고 나면, 모든 게 새롭게 보이고 금세 정이 들지요. 다정하게 이름을 불러 주면 사람이고 식물이고 곤충이고 모두 좋아한답니다.

산이나 들에 나가면 쉽게 볼 수 있는 나무와 풀꽃과 곤충 이름을 아이들한테 가르쳐 주세요. 아버지가 잘 모르면 책을 보면 어느 정도는 알 수 있을 거예요. 책을 들고 다니면서 이름을 함께 찾아보는 것도 좋겠지요. 책방에 가면《세밀화로 그린 보리 어린이 식물도감》,《세밀화로 그린 어린이 나무도감》,《무슨 나무야?》,《무슨 풀이야?》,《무슨 꽃이야?》,《우리가 정말 알아야 할 우리 꽃 백 가지》,《우리가 정말 알아야 할 우리 나무 백 가지》들이 있으니 많은 도움이 될 거예요.

■ 아이가 말없이 늦게 들어오면

아이들이 자랄수록 생각도 함께 자랍니다. 생각이 자랄수록 부모가 보기에는 정말 말도 안 되는 고집을 부리기도 하고, 까닭도 없이 부모 속을 태우기도 하지요. 속을 태울 때마다 자식이 원수처럼 보일 때도 가끔 있을 거예요. 그런 마음이 들 때마다, 아이가 어릴 적에 보여 준 맑은 얼굴을 그려 보세요.

아이가 태어나서 3년 동안 부모에게 보여 준 맑은 웃음은, 어떤 사랑과도 바꿀 수 없을 만큼 크다고 하더군요. 부모가 아이의 맑은 웃음을 간직하고 산다면 아이들이 어떠한 처지에 있더라도 사랑할 수밖에 없을 거예요.

만일 아이가 말도 없이 늦게 들어오거든, 그 날은 하고 싶은 말을 참았다가 그 다음 날 저녁에 따뜻한 차 한 잔 나누면서 조용하게 타이르면 좋겠어요.

"네가 어젯밤에 말도 없이 늦게 들어왔을 때, 온 식구들이 얼마나 걱정을 했는지 모른단다. 다음부터는 무슨 일이 있으면 알려 주면 좋겠구나."

이렇게 말하면 서로 마음 다치지 않고 문제를 풀 수 있으리라 믿어요. 부모가 보기에는 자기 아이가 늘 어린애로 보이지만, 아이들은 하루가 다르게 생각이 쑥쑥 자라지요. 부모가 따라가지 못할 정도로 잘 자란다는 것을 받아들이고, 아이들이 가끔 실망을 주더라도 자라는 과정이라 여겼으면 해요.

■ 공부에서 놓여나고 싶어요

"우리 지구를 내 것으로 만들고 싶다. 그럼 영어 안 해도 되니까." (초등 학교 3학년, 남자 아이)

"시험 못 보면 속이 답답하고 울렁거린다. 큰 죄를 지은 것 같기 때문이다. 가끔씩은 나도 좀 놀아야 하지 않나? 엄마한테 말하고 싶은데 용기가 안 나서 못 한다." (초등 학교 5학년, 여자 아이)

"공부하다 딴 생각할 때 엄마 눈치를 많이 본다. 말로만 혼이 났는데도 마음을 졸인다. 엄마, 아빠 잔소리 때문에 귀에 딱지가 앉는다. 언제나 엄마가 결정하고 통보한다." (초등 학교 5학년, 남자 아이)

"1학년 때부터 사는 즐거움이 없어졌다. 학원 다니는 것은 태어날 때부터 정해진 것이다." (초등 학교 5학년, 남자 아이)

"작아지고 싶다. 내가 좀더 어리다면 공부를 하지 않을 것이다." (초등 학교 1학년, 남자 아이)

원광 아동 상담소에 고민을 털어 놓은 초등 학교 아이들 이야기입니다. 공부에 시달려 갑자기 졸리고 머리가 아프고 헛구역질까지 한다는 아이들은 쉴 틈도 놀 틈도 없어요. 초등 학생이든 중학생이든 어른이든 사람은 누구라도 부담을 주면 몸과 마음에 병이 생기기 마련이지요. 그래서 다른 사람의 자유를 빼앗는 사람은 자유를 누릴 자격이 없다고 하지요.

아이들의 몸과 마음이 얼마나 병들어 가는지도 모르고, 어떤 어머니들은 첫돌 지나 걸음만 떼도 유아 운동 프로그램과 유아 지능 계발 프로그램을 시작한다고 해요. 좋다는 학원마다 쫓아다니며 줄을 서서 돈을 바치고도 불안한 어머니들도 있고, 영어, 일어, 수학, 독서, 피아노, 미술, 학습지, 태권도, 비싼 개인 과외까지 안 시키는 것 없이 다 하는데도 마음이 편하지 않다는 어머니들도 있어요. 그렇게 애썼는데 왜 마음이 불안할까요?

아무리 생각하고 생각해 봐도 아이들은 아무런 죄가 없어요. 어른들이 만들어 놓은 세상에서 살 수밖에 없는 아이들은 아무런 죄가 없어요.

■ 아이들의 자존심

"어느 아파트에 사니? 몇 평짜리야?"
"공부 잘 하니? 반에서 몇 등쯤 하니?"
"학원 몇 군데 다녀? 두 군데? 세 군데?"
아이들 만나면 제발 이런 말은 묻지 마세요. 편하게 누울 방 한 칸 마련하지 못해서 이 동네 저 동네 자주 이사 다니는 집 아이들도 있고, 가난해서 다니고 싶은 학원 한 군데도 못 가는 아이들도 있거든요.

해마다 학교에서는 아버지 직업은 무엇이냐? 자택이냐, 전셋집이냐? 자가용이 있느냐? 이 따위 것들을 적어 내라고 해요. 아이들 가르치는 데 이런 조사가 꼭 필요하다면 해야겠지요. 그러나 이런 조사를 해서 무엇을 얻고자 하는 것인지, 얻는 것보다 잃는 것이 더 많은 것은 아닌지요. 아이들에게도 어른 못지않게 소중하고 야무진 자존심이 있는데…….

그리고 아이들이 자기 방에서 혼자 음악을 듣고 있거나, 친구가 찾아와 놀고 있을 때에는 웬만하면 문을 열지 마세요. 꼭 할 말이 있으면 문을 똑똑 두드린 다음, 안에서 문을 열어 줄 때까지 기다려야 해요. 아이들이라고 함부로 대하는 것은 어른으로서 할 도리가 아니니까요. 그리고 집 안에서 목욕을 하거나 똥을 눌 때에도 함부로 문을 열어서는 안 되겠지요.

그렇게 조심스러워서야 어떻게 자식 키우느냐고요? 그렇지만 부모에게 존중받지 못하고 자란 아이가 누구를 존중할 수 있을까요? 이런 일은 시간이 필요한 것도 아니고, 큰 노력이 필요한 것도 아니니 꼭 실천했으면 좋겠어요.

■ 해인이는 오늘 하늘을 처음 봐요

아이들이 하루를 어떻게 사는지 잘 살펴보세요. 아침에 겨우 일어나 아침밥 먹고 억지로 학교 갔다가, 집에 돌아와서 쉴 틈도 없이 학원 몇 군데 갔다가, 지쳐서 집에 돌아오면 숙제하고, 텔레비전 보다가, 컴퓨터 앞에서 게임을 하거나 채팅을 하다가 잠자리에 들어요. 어떤 아이들은 컴퓨터 앞에서 밤을 꼬박 새우기도 한대요. 이런 아이들을 걱정하는 부모들은 많지만 그저 시대가 그렇거니 여기고 내버려 두는 부모들이 많다고 해요.

이런 아이들을 가엾게 여긴 울산 화정 초등 학교 강연백 선생은 수업을 마치고 나면 아이들과 산책을 하면서 많은 것을 느꼈다고 하더군요. 하루는 해가 질 무렵, 들꽃 이름을 아이들한테 가르쳐 주면서 내려오는 길에 해인이가 손을 잡으면서 말을 했대요.

"선생님, 저것 보세요. 하늘이 너무 예뻐요."

"하늘을 처음 봤니?"

"하늘을 진짜로 본 것은 오늘이 처음인 것 같아요. 지금까지는 앞만 보고 다녔거든요."

강연백 선생은 "지금까지 앞만 보고 다녔다."는 해인이 말이 가슴에 박혀서 마음이 아팠답니다. '무엇이 이 아이로 하여금 하늘 한 번 볼 여유조차 없도록 내몰았을까?' 생각하면 마음이 아플 수밖에 없지요.

어른들이 만들어 놓은 세상에 갇혀, 어른들의 꼭두각시가 되어, 저 맑고 푸른 하늘 한 번 마음놓고 볼 수 없는 우리 아이들을 어찌하면 좋을까요?

■ 돈과 컴퓨터가 제일인 아이들

아내와 나는 혼인하고 지금껏 맞벌이를 하기 때문에 일터에서 늦게 들어오는 날이 많아요. 그런 날은 아이들에게 전화를 걸어요.
"영교야, 밥통에 밥도 없고 반찬도 없대이. 인교랑 먹고 싶은 거 사 먹거라. 돈은 책상 서랍 안에 있을 끼다."
"네. 알아서 사 먹을게요."
우리는 맞벌이한다는 까닭으로 돈으로 문제를 풀려고 할 때가 가끔 있어요. 요즘 아이들에게 세상에서 가장 소중한 것이 뭐냐고 물으면 '돈과 컴퓨터'라고 말하는 아이들이 늘어난대요. 옛날처럼 부모나 친구라고 말하는 아이들은 거의 없대요. 돈만 있으면 부모나 친구가 없어도 살아갈 수 있는 법을 잘 알고 있기 때문이지요.
부모들이 아이들에게 어떤 모습을 보여 주었기에 세상에서 가장 소중한 것이 돈과 컴퓨터라고 말할 수밖에 없을까요? 아이들이 바라는 대로 뭐든지 다 해 주었기 때문이 아닐까요? 그래서 아이들도 돈만 있으면 무엇이든지 다 할 수 있다고 믿고 사는 것이 아닐까요? 스스로 묻고 대답해 보았지만 가슴만 답답해요.

옛날보다 몇 배 더 교육비를 쓰고 몇 배 더 잘 먹이고 잘 입혀서 금이야 옥이야 떠받들고 키웠는데, 부모를 돈 주는 기계처럼 생각하는 아이들이 늘어나고 있어요. 부모와 함께 할 일을 돈과 컴퓨터가 다 해 주기 때문이지요.

머리만 깎는다고 승려가 되는 것도 아니고, 혼인하고 자식만 낳는다고 부모가 되는 것도 아니에요. 사람다운 생각과 실천이 있어야 되는 것이지요.

■ 전쟁이 얼마나 무서운 것인가

1991년 걸프전 때, 한 방송에서 "전쟁이 뭐냐?"고 이라크 어린이에게 물었어요. 그 어린이는 "우리가 불에 타 죽는 것."이라고 하면서, "우리 엄마, 아빠와 함께 살아남을 수 있게만 기도하고 있다."고 울면서 말했대요.

2003년, 우리 나라 어린이 몇 명에게 "전쟁이 뭐냐?"고 물었더니, "미국은 왜 맨날 밤에만 폭탄을 터뜨리는 거야. 낮에 터뜨리면 화면도 더 밝고 훨씬 실감날 텐데." 하고 말했대요.

미국 군인들이 터뜨린 폭탄에 맞아 창자가 튀어나오고, 두 다리가 날아가고, 목과 팔이 잘리고, 불에 타서 뼈만 남은 이라크 사람들의 주검을 텔레비전 뉴스에서 보았을 텐데 이 따위 소리밖에 할 수 없는 까닭은 무엇일까요?

이라크 어린이들은 지금 공포와 굶주림에 떨면서 전쟁이 끝나기를 바라지만, 우리 나라 아이들은 전쟁을 '눈으로' 보면서 전쟁 놀이를 한다고 해요. 장난감을 사서 전쟁 놀이를 하거나 병기 게임을 하는 어린이가 두세 배 늘었다고 하니 할 말이 없어요.

   전쟁이 얼마나 무서운 것인지 아이들한테 말해 주어야 할 책임이 부모에게 있다고 생각해요. 왜 미국이 이라크를 침략했는지, 다른 나라 전쟁 때문에 우리 나라에 미치는 영향은 어떤 것이 있는지 이야기를 나누어 보세요. 서로 배울 게 있으리라 믿어요.

■ 아이들 마음이 닫혀 있을 때는

   날이 갈수록 복잡해지는 사회 속에서 아이들은 어른들보다 수십 배 수백 배 힘든 하루하루를 살고 있어요. 그래서 가끔 아이들도 학교에 가기 싫거나 공부도 하기 싫을 때가 있지요. 이럴 때는 집에서라도 아이의 마음을 편하게 해 주어야 해요. 학교 생활도 견디기 힘든 아이한테, 별것도 아닌 것을 큰 문제가 생긴 것처럼 떠벌리고 호들갑을 떨어서는 안 되겠지요. 마음을 잡을 때까지 기다려 주지 못하는 부모 때문에 아이는 마음을 닫아 버리게 될지 몰라요.

   아이가 힘들어할 때, 부모들은 "아이 속을 알 수가 없다."는 말을 많이 하지요. 하지만 "제대로 아이의 속을 이해하기 위해 애를 쓰기는 썼느냐?"고 물으면 누구나 쉽게 대답을 하지 못하더군요. 그리고 어머니가 아이 편을 가만히 들어주는 척하면 아버지도 같은 마음으로 아이를 대해야 해요. 어머니와 아버지의 생각이 다르면 아이는 마음 둘 데가 없어서 더욱 외로움을 느낄 테니까요.

   날이 갈수록 아이가 마음을 잡지 못하고 더 심해지면 상담소나 정신과 병원을 찾아가서 전문가들의 도움을 받아야 해요. 정신과 병원이라고 하면 마치 미친 사람이나 가는 곳처럼 생각하는 사람이 있는데 그렇지 않아요. 너무 늦기 전에 아이가 마음을 열 수 있도록 도와 주어야 해요. 그게 부모가 해야 할 일이니까요.

■ 공부보다 먼저인 것들

친척들이나 가까운 이웃들의 장례식, 졸업식, 혼인식, 그 밖에도 잔치가 있을 때는 아이들을 데리고 가면 좋겠어요. 학교 하루 가지 않는다고 큰일이 벌어지는 것이 아니라면 꼭 데리고 가 보세요. 학교에서 배우지 못했던 많은 것을 보고, 듣고, 느끼게 될 테니까요. 이런 잔치를 통해서 아이들이 친척들, 이웃들과 더 가까워질 수도 있고 생각도 쑥쑥 자라게 될 테니까요.

만일 공부 때문에 할아버지 장례식에 아이들을 못 가게 했다면 그 책임은 부모가 져야 해요. 부모인 자신이 다음에 죽었을 때도 공부 때문에 자식들이 오지 않는다면 마음이 어떨까요? 스스로 물어보면 금세 답이 나올 거예요.

주위에서 기쁜 일이나 슬픈 일이 일어났을 때는 아이들도 알아야 해요. 그래서 기쁨과 슬픔을 나누어 가져야 해요. '아이들이 무얼 안다고, 그냥 학교에 가서 공부나 하지.' 이런 생각은 아예 버려야겠지요. 아무리 어리더라도 한 식구로 생각하고 무슨 일이든 함께 나누고 살았으면 좋겠어요. 공부는 다음에 해도 되니까요.

3부
아버지는 아들의 거울

> 아버지를 믿고 따르는 아이들은
> 아버지의 작은 실수나 잘못이
> 몇 배 더 크게 보이는가 봐요.
> 행동을 말로 옮기는 것보다, 말을 행동으로
> 옮기는 것이 훨씬 어렵다지요.
> 아이들과 함께 살면서 내가 가르친 것보다
> 내가 배우고 깨우친 게 더 많습니다.
> 아이들과 함께 살면서
> 오히려 내가 '사람'이 되고 있습니다.

■ 제 먹을 밥은 챙길 줄 알아야

　동료들과 함께 생명 농업을 실천하는 농부 집에서 모심기를 돕던 날이었어요. 해가 질 무렵이었지요. 함께 갔던 산청댁 아주머니가 갑자기 "아이고마 아이들 저녁밥 하러 가야 돼예." 하면서 벌떡 일어나더군요. 그 모습을 바라보고 있던 농부가 아주머니를 앉혀 놓고 이런저런 이야기를 나누더군요.
　"산청댁 아주머니, 아이가 몇 살이지요?"
　"예, 올해 고등 학교 3학년입니더."
　"고등 학생이 제 밥을 못 해 먹습니까?"
　"사내 녀석들이 밥을 해 먹기는예. 해 놓은 밥도 제대로 안 챙겨 먹는다 아입니꺼."
　"손발 제대로 움직이고 사람 말귀 알아들으면 제 스스로 밥해 먹고, 빨래 정도는 제 손으로 빨아서 입어야지요."
　"아이고마, 요즘 아이들 공부하느라 밥이고 빨래고 할 틈이 없어예."
　"고등 학생이 제 먹을 밥조차 못한다는 것은 이미 사람이 아니지요. 사람이라면 제 먹을 밥 정도는 얼마든지 알아서 해 먹어야지요."
　"……."
　두 사람 이야기를 곁에서 듣고 있던 나는 깜짝 놀랐어요. 내 아이들도 밥을 제대로 못 하고, 해 놓은 밥도 제대로 안 챙겨 먹거든요. 아무리 공부를 많이 해서 훌륭한 능력을 지닌 사람이라도 일하지 않고서 할 수 있는 일은 아무것도 없어요. 일하는 사람은 어떤 어려움도 참을 줄 알고, 정직하게 살 수밖에 없지요. 그 간단한 진리를 알면서도 아이들에게 가르치지 않았으니 부끄러운 일이지요. 여태까지 놀고 먹는 사기꾼이 되라고 가르쳤으니…….

■ 영환이는 어른들을 못 믿는대요

옆집 영환이 어머니는 식당 부엌에서 일을 합니다. 초등 학교 3학년인 영환이는 가끔 어머니가 일하는 식당에 놀러 가요. 하루는 어머니가 손님들에게 갖다 줄 상추를 씻고 있었는데, 식당 주인이 어머니에게 이렇게 말했대요.
"아주머니, 상추 대충대충 씻어요. 그렇게 깨끗하게 씻을 시간이 없어요. 자기 집에서 먹을 때나 그렇게 깨끗하게 씻는 것이지. 그래 가지고 어찌 장사하겠어요?"
큰 소리로 짜증을 내면서 툭 던지는 식당 주인 말을 듣고, 그 뒤로 영환이는 식당에서 밥을 먹지 않는대요. 식당이라는 말만 들어도 속이 메스껍대요.
아무리 그래도 그렇지. 아이가 옆에 있는데 그런 말을 함부로 내뱉다니요. 손님들 건강을 생각하는 식당이라면 이런 말 따위를 함부로 하지 않겠지요?
영환이는 그 뒤로 어른들을 믿지 못하게 되었어요. 손님들 건강보다는 오직 돈을 벌어야겠다고 생각하면서 툭 뱉은 말 한 마디가 영환이 가슴에 못을 박은 것이지요. 정성 들여 깨끗하게 음식을 만들어서 손님들을 맞이하는 착한 식당 주인들도 많은데, 몇몇 나쁜 주인들 때문에 아이 마음에 상처를 주고, 어른을 못 믿게 했으니 그 벌을 누가 받아야 할까요?

■ 엄마, 걸어다녀야 건강해진대요

20층에 사는 동무 집에 가기 위해 1층에서 승강기를 기다리고 있는데, 초등 학교 4학년쯤 되는 아이와 어머니가 이야기를 나누고 있었어요.

"엄마, 나 걸어갈란다. 승강기 내려오려면 한참 남았네."

"야, 조금만 기다려. 금방 내려올 낀데."

"우리 선생님이 5층 정도는 걸어다녀야 몸에 좋다 캤다. 몸도 날씬해지고."

"야야, 걸어다닌다고 아파트 관리비 적게 주는 것도 아닌데, 그냥 타고 가라."

"엄마, 걸어다니면 몸에도 좋고 전기도 아낄 수 있다고 선생님이 그랬다니까."

"쪼그만 녀석이 모르는 게 없어. 군소리 말고 타고 가란 말이다."

5층까지 층계로 걸어가겠다는 아이를 붙들고 있는 아주머니를 보면서 애가 탔어요. 5층 정도는 누구든지 걸어서 다니는 버릇을 들여야 무릎도 튼튼해지고, 마음도 튼튼해지지요. 그리고 여러 사람이 함께 쓰는 물건일수록 아껴 쓰는 버릇이 어릴 적부터 몸에 배어 있어야 남의 물건 소중하게 여기고, 남을 속이지 않고 착하게 살 수 있겠지요.

우리 나라는 97퍼센트 이상의 에너지를 다른 나라에서 수입하고 있고, 먹는 것까지 75퍼센트 넘게 수입해서 산대요. 손발이 멀쩡한데 제 손으로 곡식을 가꾸어서 먹지 못하고 돈을 주고 사 먹고 있으니 거지 민족이란 말을 들어도 할 말이 없지요.

식구들이 둘러앉아 주제를 정해서 토론을 해 보자고요. 그러면 좋은 길이 열리지 않겠어요? 보기를 들어, 석유값이 오르면 나라 살림이 어려워질 텐데 우리 집에는 절약할 것이 없는지 이야기를 나누어 보는 것도 좋겠지요.

거실에 온도계를 달아서 18~20도 유지하기, 냉장고 문을 자주 열지 않도록 식구들이 함께 모여 밥을 먹기, 쓰지 않는 가전 제품의 전원은 뽑아두기, 보일러를 큰방 한 군데만 틀어서 식구들이 가끔 한방에서 자기, 텔레비전은 꼭 필요한 프로그램만 골라서 보기, 버스나 자전거 타고 다니기, 밥상 소박하게 차리기…….

조금만 생각을 다른 곳으로 돌리면 얼마든지 에너지를 절약할 수 있어요. 괸 물은 썩고 흐르는 물은 썩지 않듯이 생각도 시대와 상황에 따라 흘러야만 해요. 식구들 한 사람 한 사람이 아껴 쓰고, 나눠 쓰고, 바꿔 쓰고, 다시 쓸 수 있는 것이 무엇인지 잘 살펴보고, 해야 할 일들을 잘 적어서 붙여 두면 좋겠어요.

■ 은빈이가 가출한 까닭

가출한 은빈이 때문에 은빈이 어머니, 아버지는 오늘도 밤늦도록 다투고 있어요.

"아니 당신은 집에서 뭐 하는 사람이야? 애가 집을 나가도록 뭐 하고 있었어? 집에 있으면서 애 하나 제대로 돌보지 못하고."

"그러는 당신은 뭐 했어요? 돈만 벌어 온다고 아버지 노릇 다하는 줄 아세요? 맨날 바쁘다고 밤늦게 들어오면서. 요즘 은빈이하고 얘기한 적 한 번이라도 있어요?"

"뭘 잘했다고 자꾸 말대꾸야, 말대꾸는."

은빈이 어머니 흐느끼는 소리가 우리 집까지 다 들려요. 아이들이 잘못된 길을 가면 바로잡아 줄 생각은 하지 않고 서로 책임을 떠넘기려고 하니 가슴이 답답해요. 부모가 슬기를 모아 잘 가르쳐도 집을 나가는 아이들이 많은데, 저렇게 다투고만 있으니…….

나도 은빈이 아버지와 다를 게 없다는 생각이 들더군요. 애들 가르치는 담임 선생님 이름도 모르고, 학교 행사 때도 늘 바쁘다는 핑계로 가지 않고 아내만 보냈거든요. 지난날 돌이켜보면 후회스러운 일이 한두 가지가 아니에요.

입학식, 졸업식, 운동회, 발표회 들과 식구들이 함께 참석할 수 있는 여러 행사가 있는 날은 아버지도 함께 참석하면 좋겠어요. 하루 이틀쯤 하던 일을 멈춘다고 세상이 없어지는 것도 아니라면 꼭 참석하면 좋겠어요. 더구나 직장에 다니는 사람들은 나름대로 쉴 수 있는 날이 많지요. 월차나 연차 휴가도 있고, 조퇴나 외출을 할 수 있으니까요. 그런데 늘 바쁘다고 말하는 아버지들을 보면 학교 행사 때마다 바쁜 일이 생기더군요. 없던 일까지 만들어서 바쁘다고 하는 것은 아닌지…….

정말이지, 아이들에게 사랑을 줄 수 있는 시간은 그리 길지 않습니다.

■ 아버지, 시인 맞아요?

다른 사람이 정지선을 지키지 않고 차를 세울 때, 노란 불이 들어왔는데도 속력을 내어 막 달릴 때, 밤늦게 오가는 차가 없다고 빨간 불인데도 도둑고양이처럼 슬쩍 지나갈 때, 갑자기 끼어들 때 온갖 군소리를 다 늘어놓지요. 그러다가도 내가 끼어들 때는 "좀 양보해 주지. 뭐가 그리 바쁘다고." 하며 잔소리를 해 대는 내게 아이들이 묻습니다.

"아버지, 진짜 시인 맞아요?"

아버지를 믿고 따르는 아이들은 아버지의 작은 실수나 잘못이 몇 배 더 크게 보이는가 봐요. 행동을 말로 옮기는 것보다, 말을 행동으로 옮기는 것이 훨씬 어렵다지요. 사람의 불행은 말을 행동으로 옮기지 않아서 생기고, 작은 일을 함부로 생각하는 데서 생기고, 자기가 할 수 있는 일을 제대로 하지 않아서 생기는 것이지요. 아이들에게 보여 주어서는 안 될 부끄러운 모습을 보여 주었구나 싶더군요.

동물 가운데 오직 사람만이 부끄러움을 안다고 하지요. 아이들과 함께 살면서 내가 가르친 것보다 내가 배우고 깨우친 게 더 많습니다. 아이들과 함께 살면서 오히려 내가 '사람'이 되고 있습니다.

■ 어른인 게 부끄러워요

아들녀석 동무 가운데 성환이라는 학생이 있어요. 방학 때 용돈도 벌어 쓰고 학비도 스스로 마련하기 위해서 큰 식당에서 한 달 동안 일을 했어요. 먹고 자고 한 달 동안 일하고 돌아와서 아버지에게 그러더래요.

"아버지, 어른들의 말과 행동이 얼마나 다른지 처음 알았어요."

"아니 성환아, 갑자기 와 그런 말을 하노?"
"사람이 먹을 수 있는 귀한 음식을 맨날 쓰레기통에 버리면서, 어른들은 아무 생각이 없어요. 북녘 땅에는 먹을 게 없어서 어린이들이 굶어 죽기까지 한다는데, 음식을 마구 버리면서 아깝다거나 미안하다거나 하는 생각조차 없는 것 같아요. 어른들이 이렇게 더럽게 사는 줄 몰랐어요."

성환이 말을 들으면서 내가 어른이라는 것이 부끄러웠고, 어른이면서 그런 일을 생각조차 못 하고 살았다는 것이 더 부끄러웠어요. 내가 조금 편하자고 하는 짓들을 살펴보면 거의 모두가 사람과 자연을 해치고 죽이는 짓이라는 것을 알면서도 모른 척하고 살아왔던 거지요. "깨어 있는 것이 살아 있는 것"이라는데, 여태 깨어 있지 못했으니 아이들과 하늘을 볼낯이 없어요.

다른 사람들의 잘못이나 죄를 탓하기 전에 먼저 내 양심을 살펴보아야 하는 것을. '더러운 어른들' 속에 거머리처럼 붙은 내 이름과, 음식 쓰레기더미 속에 버려진 내 영혼은 맨날 남을 탓하기만 했으니……

■ 아버지는 아무나 되나요?

덕유산 산골 마을에서 농사를 짓고 사는 박진국이라는 젊은이를 만났어요. 그 젊은이에게는 한평생 농민 운동을 하고 있는 아버지와 농사를 업으로 알고 살아가는 어머니가 있어요. 젊은 나이에 도시에서 살지 않고 어쩌다가 산골에서 농사를 짓게 되었느냐고 물었더니, 참 간단하게 말하더군요.

"아버지가 읽다가 방이나 마루에 놓아 둔 책을 어릴 적부터 보고 자랐어요. 그 책을 다 읽었다는 것이 아니라, 오다가다 눈에 들어오는 책표지 큰 글자 정도 읽었다는 거지요. 그 정도만 보아도 아버지가 무슨 일을 하고 계시는지 알았으니까요. 그래서 자연스럽게 아버지처럼 농사를 선택하게 된 것 같아요."

아버지들은 지금 어떤 책을 읽고 있는지요? 어떤 책을 읽다가 방이나 마루에 놓아 두는지요? 그 책이 아이들 삶을 바르게 이끌 수도 있고 나쁘게 이끌 수도 있답니다. 어찌 책뿐이겠습니까? 아버지들이 보는 영화, 비디오, 연속극, 주고받는 말과 행동 하나하나까지 아이들 삶에 영향을 끼칠 테지요.

아버지는 되고 싶다고 아무나 되는 것이 아니라, 아버지가 되기 위해서 애쓰는 사람만이 진짜 아버지가 될 수 있어요. 아버지, 아무나 되어서도 안 되지요.

■ 운전대만 잡으면

어느 누구에게 물어 봐도 착한 사람이라는 소리를 듣는 친구가 있어요. 그런데 그 친구에게는 한 가지 나쁜 버릇이 있답니다. 그게 뭔고 하니, 자동차 운전대만 잡으면 욕을 하는 버릇이에요. 앞에 가는 차가 천천히 달려도 욕을 하고, 빨리 달려도 욕을 하고, 뒤차가 앞지르기를 해도 욕을 하고, 미리 깜빡이를 넣지 않고 끼어들었다고 욕을 하고, 앞차가 갑자기 섰다고도 욕을 해 대니, 그 차를 탄 사람들은 지은 죄도 없이 그 욕을 가만히 듣고만 있어야 해요.

그렇게 착한 친구가 자동차 운전대만 잡으면 입이 얼마나 근질

근질한지 가만 있지를 못합니다. '왜 그럴까?' 아무리 생각해도 알 수가 없어요. 다른 데서 받은 스트레스를 운전대를 잡고, 혼자서 욕을 하면서 푸는 것 같다는 느낌만 들뿐, 왜 이렇게 욕을 잘 하게 되었는지 자신도 잘 몰라요.

언젠가 다른 자리에서 단둘이 만나게 되면 운전대만 잡으면 욕을 하게 된 까닭이 무엇인지 알아 내어 스스로 치료할 수 있도록 도와 주고 싶어요. 온갖 욕설을 다 들으면서 자동차를 같이 타고 다닐 친구의 아내와 자녀들을 위해서, 마음 다치지 않게 조용하게 말해 주고 싶어요. "못은 다른 못에 의해 붙드는 힘이 더해지고, 습관은 습관에 의해 또 다른 습관이 생긴다."고. "시내가 강이 되고 강이 모여 바다가 되듯이, 나쁜 습관은 보이지 않는 사이에 바다같이 커진다."고.

■ 아버지는 하숙생?

"어린 나무는 구부릴 수 있으나 큰 나무는 휠 수 없다."는 말이 있어요. 어릴 때일수록 교육이 더 중요하리라 믿어요. 어릴 때 스승은 사람의 운명을 바꾸어 놓을 만큼 큰 힘이 있으니까요.

이 땅의 주인이 될 아이들 교육은 가정에서부터 먼저 이루어져야 해요. 부모보다 더 훌륭한 스승은 없기 때문이에요. 아이들에게 가장 좋은 교육 방법은 부모 스스로 좋은 본을 보이는 것인데, 날이 갈수록 아버지 할 일이 줄어들었어요. 어릴 적부터 컴퓨터와 여러 가지 학원에 아이들을 빼앗기고 아이들 얼굴 보기도 쉽지 않은 세상이지요. 그래서 늘 하숙생처럼 들어왔다가 나가는 아버지들은 가정 안에서 자리가 거의 없어졌어요.
 구조 조정이나 정리 해고로 세상이 흔들릴수록 아버지 자리를 찾아가야 해요. 자기에게 주어진 모든 재능과 지식과 힘과 슬기는 약한 사람을 이끌어 가기 위해 주어진 것이 아닐까요? 결코 약한 사람을 억누르거나 괴롭히기 위해서 주어진 것은 아닐 거예요. 이 땅의 아버지들이 당당하게 자기 자리에 서서 집안을 잘 이끌어 간다면 세상이 얼마나 정의롭고 아름다워질까요? 생각만 해도 마음 든든해요.

■ 밥 빨리 달라고 하지 마세요

 어쩔 수 없이 식당에 가서 밥을 먹게 되거든 제발 "빨리 달라."는 말은 하지 마세요. 빨리 달란다고 음식이 빨리 나오는 것도 아니니까요. 요리하기 위해서는 꼭 필요한 시간이 있고, 먼저 주문한 사람들도 있을지 모르니 여유를 가지고 기다려야 해요. 주방에서는 손님들이 주문한 음식을 만들기 위해 땀을 뻘뻘 흘리며 애쓰고 있는데, 편안하게 앉아서 재촉하면 얼마나 짜증나겠어요?
 이런 말은 하고 싶지 않았지만 빨리 달라는 말이 입에 붙은 분들을 위해서 드리는 말씀이에요. 술자리에서 들은 이야기인데, 손님들이 지나치다 싶게 재촉하면 국이나 찌개에 침이나 가래를 뱉어서 주기도 한대요. 설마 이런 주방장이 우리 나라에 몇 사람이나 있겠습니까마는 식당에 가면 제발 빨리 달라는 말만은 하지 말았으면 좋겠어요.
 아이들과 이야기를 나누면서 느긋하게 기다리는 아버지의 모습과, 엉덩이 닿기가 무섭게 빨리 달라고 소리 지르는 아버지의 모습은 아무래도 차이가 있지 않겠어요?

■ 아이들에게 생색내고 싶을 때

밤늦도록 일하고 지쳐서 돌아왔는데 공부는 하지 않고 형제끼리 다투고 있으면 은근히 화가 치밀어오르지요. "엄마 아버지는 너희들 때문에 이 고생, 저 고생 다 참고 일하는데, 공부는 안 하고 왜 맨날 다투고 야단이냐?" 이런 말이 하고 싶어서 입이 근질근질하지요. 그래도 참아야 해요. 더구나 너희들 때문에 일한다거나 희생한다는 말은 정말 해서는 안 되지요.

자식들의 앞날을 위해서 쉬지 않고 부지런히 일한다는 말이 틀린 말은 아니지만, 맞는 말도 아니지요. 일이란 스스로 기쁜 마음으로 해야 하는 것이지, 누구누구 때문에 어쩔 수 없이 일을 해야 한다면 슬픈 일이니까요.

부모는 아이들을 사랑하기 때문에 이 고생, 저 고생 하면서도 기분 좋게 참아 내는 것이고, 아이들은 부모를 사랑하기 때문에 온갖 응석을 다 부리는 것이지요. "천사의 말을 하는 사람도 사랑이 없으면 울리는 징과 같다."는 성서 말씀이 아니더라도 우리는 서로 믿고 사랑해야 해요.

■ 내 어릴 적에는 말이야

가족 회의 때, 갑자기 용돈을 올려 달라는 아이에게 이렇게 말했어요.

"아니, 용돈 올려 준 지 몇 달 되지도 않았는데 또 올려 달라고 그러나? 아버지 어릴 때는 용돈이란 것도 없었고, 먹을 것도 없어서 칡뿌리나 소나무 껍질을 먹고 자랐는데, 너희들은 말만 하면 하늘에서 돈이 뚝뚝 떨어지는 줄 아는 기가?"

내 말이 끝나기도 전에 문을 휙 닫고 나가 버리는 아이를 보고 나는 금세 후회했어요. 왜 내 입에서 이 따위 말이 쏟아지는지 알 수가 없었어요. 차라리 아무 말도 하지 않았으면 더 좋았을 것을.

아이들이 한 번도 겪어 보지 않은 일을 들먹거리면서 야단을 치거나 비웃거나 하는 태도는 옳지 않다는 것을 잘 알면서, 아이들을 나무랄 때는 비유를 잘 들어서 쉽게 이해하고 받아들일 수 있도록 해야지 하면서도, 버릇처럼 함부로 말하는 나는 아직 아버지 자격이 없어요.

내가 하루하루 살아가는 것이 어렵듯이 아이들도 하루하루 살아가는 것이 어려울 텐데, 나잇살이나 먹었다고 또 큰소리부터 쳤으니…….

■ 도시락을 싸 가지고 다니는 아버지

한 달에 두세 번 대전이나 서울에 모임이 있어서 갈 때가 있어요. 그 날은 다른 날보다 조금 일찍 일어나서 아내와 도시락을 싼

답니다. 고속 버스나 기차 안에서 점심을 먹을 테니 옆 사람한테 반찬 냄새가 안 나도록 멸치볶음과 김을 준비하지요. 내가 먹을 밥과 반찬을 아내 도움을 받아서 내 손으로 싸는 재미도 있고, 식당에서 무얼 사 먹을까 고민하지 않아도 되니 이래저래 기분이 좋아요.

식당에서 파는 음식들은 농약과 방부제투성이 수입 농산물로 만든 것이 많지요. 더구나 아이들이 좋아하는 밀가루 음식은 거의가 벌레도 싫어하는 수입 밀가루로 만든 것이지요. 과자, 호두과자, 햄버거, 핫도그, 우동, 자장면, 커피, 두부, 콩나물, 양파, 감자, 고춧가루, 육고기 들까지 대부분 누가 어떻게 생산했는지도 모르는 음식들이 많답니다. 그래서 도시락을 싸 가면 생활비 아낄 수 있고, 배탈날 걱정 없고, 음식 버리지 않으니 미안한 마음 들지 않고, 환경을 살리고 우리 농업과 농촌을 살리는 데 보탬이 되겠지요.

"아버지, 아버지처럼 도시락 싸 갖고 다니는 사람은 한 사람도 못 봤어요. 식당에서 사 먹으면 되지, 누가 불편하게 도시락을 싸 갖고 다녀요?"

막내아들 인교가 답답하다는 듯이 한 마디 할 때는 못 들은 척해요. 내가 왜 불편하게 도시락을 싸 갖고 다니는지 말하고 싶어서 입이 근질근질하지만 참았어요. 왜냐하면 바쁜 아침에 아무리 좋은 말을 해 봐야 잔소리로 들릴 테니까요. 그래서 말을 아껴 두었지요. 며칠 뒤, 가족 회의 때 천천히 말해 주면 아버지 마음을 이해하리라 믿으니까요.

■ 나는 아버지같이 될 거예요

지난날 우리에겐 아이가 태어났어요.
평범한 출생이었죠.
이 일 저 일 바빴고, 치러야 할 고지서도 많았기에
내 아이는 내가 없는 사이에
걸음마를 배웠고,
나도 모르는 사이 말을 배워,
나는 아버지같이 되겠어요, 아버지.
꼭 아버지를 닮을 거예요.
언제 오세요, 아버지?
글쎄다.
하지만 함께 보게 될 때는
즐거운 시간을 갖게 되겠지.

내 아들이 지난 달 열 살이 되었군요.
공 사 주셔서 참 고마워요.
아버지, 함께 놀아요.
공 던지기 좀 가르쳐 주세요.
오늘은 안 되겠다, 할 일이 많다.
아들은 괜찮아요 하며
밝은 웃음을 머금은 채 나갔다.
나는 아버지같이 될 거예요, 아시죠?
나는 아버지같이 될 거예요.
언제 오세요, 아버지?

글쎄다.
하지만 그 때는 즐거운 시간을 갖자꾸나.

내 아들이 며칠 전 대학에서 돌아왔더군요.
사내답게 컸길래 나는 말했지요.
내 아들아 네가 정말 자랑스럽구나.
잠시 함께 앉아 있으려무나.
아들은 고개를 저으며 웃으며 말하길
차 열쇠 좀 빌릴 수 있을까요?
이따 봐요.
언제 돌아오니, 아들아?
글쎄요.
하지만 그 때 함께 좋은 시간을 갖도록 하죠.

나는 은퇴한 지 오래이고,
아들은 이사를 나갔죠.
지난 달 아들에게 전화를 해서
괜찮다면 한번 볼 수 있겠니?
그러고 싶어요, 아버지. 시간만 낼 수 있다면요.
새 직장 때문에 바쁘고
애들은 감기에 걸렸어요.
얘기하게 되어 반가워요, 아버지.
전화를 끊고 나자 선뜻 깨닫게 된 것은
내 아들이 나랑 똑같이 컸다는 것.
내 아들이 꼭 나와 같다는 것.

언제 집에 오니, 아들아?
글쎄요.
하지만 그 때는 즐거운 시간을 갖도록 하죠,
아버지.

글쓴이는 잘 모르지만, 아버지들이 복사하여 서로 돌려보면서 가슴이 찡하다거나 충격을 받았다고 하더군요. 마치 자신의 앞날을 보는 것 같아 마음이 아팠다고 합니다.

> 우리가 밥을 먹을 때마다, 이 밥이 있기까지
> 애쓴 농부들을 생각하게 하소서. 이 밥 속에
> 들어 있는 하늘과 땅과 햇빛과 바람과 물과 지렁이와
> 살아 있는 모든 생명의 숨소리에 귀 기울이게 하소서.
> 이렇게 귀한 밥을 편안하게 앉아서 먹을 수 있으니,
> 이 밥을 먹고 이웃들과 함께 자연을 아끼고
> 사람을 사랑할 수 있도록 슬기를 주소서.

■ 아버지, 오줌 누실래요?

"아버지, 오줌 누실래요?"

이 말은 몇 년 전부터 아들녀석들에게 자주 듣는 말이에요. 사람은 누구나 아침에 일어나면 오줌을 누고, 잠자리에 들기 전에도 오줌을 누지요. 도시는 거의 수세식 변소라 오줌 한 번 누고 나면 냄새난다고 물을 내려요. 그래서 물통에 가득 담긴 물이 손만 까딱하면 쏴아 빠져 버리지요.

물 한 방울이 우리 집 변소로 들어오기까지 돈으로 따질 수 없는 숱한 과정, 생명의 흐름이 있답니다. 사람들은 대부분 그 과정을 생각하지 않고, 물을 돈으로만 생각해요.

막내아들 녀석이 오늘 저녁에도 "아버지, 오줌 누실래요?" 하더군요. "알았다. 오줌 누러 갈 테니까 물 내리지 마라." 하고 대답하면서 웃음이 저절로 나왔어요. 우리 식구들은 낮이든 밤이든 누구든지 오줌을 누고 나면 오줌 눌 사람이 있는가 물어 보는 버릇이 생겼어요. 억지로 시킨다고 되는 일이 아니겠지요. 몸에 익어서 저절로 나오는 말이 되어야 서로에게 편안함을 줄 수 있으니까요.

우리 나라도 물 부족 국가라고 해요. 세계 물 위원회는 물 문제를 다시 생각하지 않으면 2025년부터 모든 나라가 물이 부족할 거래요. 유엔 산하 인간 행동 연구소도 2025년에 24~32억 명이 물이 부족하여 고통을 받을 것이라고 해요. 물이 없어서 물 부족 국가가 된 것이 아니라, 물을 너무 많이 쓰고 함부로 버리고 오염시켜서 물 부족 국가가 되는 것이라면 참 부끄러운 일이지요.

■ 버스를 기다리면서

"아버지, 몇 살 되면 자동차를 몰고 다닐 수 있어요?"
"왜 물어 보는데?"
"자동차 몰면 멋있잖아요. 재미도 있고."
"야 이 녀석아, 자동차 몰고 다니면 돈도 많이 들고 공기도 오염시키는데 그래도 몰고 싶나?"

초등 학생 아들녀석도 자동차를 몰고 싶다고 해요. 자동차가 자전거보다 많은 나라에 살고 있으니 한 번쯤 자동차를 몰고 싶다는 생각이 들겠지요.

요즘 젊은이들은 셋방살이를 해도 먼저 자가용을 산다지요. 살면서 꼭 필요하다면 자가용보다 더 비싼 것이라도 사야 되겠지요. 사업을 하거나, 장사를 하거나, 아니면 버스도 잘 다니지 않는 곳에 일터가 있는 사람들은 필요하겠지요. 하지만 남 따라 장에 가는 마음이나 으쓱거리며 뽐내려고 자가용을 사서는 안 되지요.

출퇴근 시간 때 지나다니는 자가용들을 가만히 살펴보면 거의 다 혼자서 타고 다니더군요. 늘어나는 자동차 때문에 길이 막히고 자동차에서 뿜어 내는 매연 때문에 아이들 몸이 병들어 가고 있는데도 아무 생각 없이 씽씽 몰고 다녀요. 따지고 보면 자가용은 도시 사람들보다 농촌 사람들한테 더 필요한 것이지요. 농촌에는 버스도 자주 없고 택시 타기도 쉽지 않으니까요.

누가 뭐라고 하든 자가용을 꼭 사야 한다면 말릴 수 없겠지요. 만일 집에 자가용이 있다 하더라도 버스를 타고 가도 큰 불편이 없는 곳이라면 버스를 타고 가면 어떨까요? 아이와 함께 버스를 기다리면서 여태 못다 한 얘기도 나누시고요. 환경을 살리는 일이란 무어 대단한 것이 아니지요. 버스를 기다리는 마음이 곧 환경 운동의 시작이 아닐까요?

■ 음식 귀한 줄 알아야

"여보, 냉장고 안에 음식 가득 채우지 말아요. 전기 요금도 많이 나온대요. 그리고 집 안에 이것저것 먹을 게 많으면 아이들이 음식 귀한 줄 모른다 카던데."
"가득 채울 음식을 사 주기나 하고 그런 말을 해야제, 사 주지도 않으면서 그런 말이 쉽게 나오는교?"
"그렇게 말하면 할 말은 없지만……. 어쨌든 냉장고 안에 있는 거 다 먹고 나서 사면 좋겠어요."
"당신 말이 틀린 말은 아니지만 우리 같은 맞벌이 부부는 냉장고 안에 먹을 게 늘 있어야 마음이 편해요. 맨날 시장 볼 수도 없는데."
집에만 들어오면 냉장고부터 여는 아이들을 볼 때마다 하도 답답해서 말했다가 아내에게 구박만 받고 말았어요. 다음 날, 아내와 나는 냉장고 안에 아이들이 먹을 수 있는 것이 무엇이 들어 있는지 써 붙여 놓기로 했어요.
이제부터 쓸데없이 문을 열지 않을 것이고, 문을 자꾸 열지 않으면 전기 요금도 적게 나오고, 음식 상하는 일도 줄어들겠지요. 냉장고 안에 무엇이 있는지 어른들도 볼 수 있으니 다음 날 음식 준비 하는 데 도움이 될 테고요. 그보다 아이들이 냉장고 문을 열 때마다 음식을 소중하게 여기는 마음이 들지 않겠어요?

■ 외식할 때는

우리 식구들은 오랜만에 시장 지하 식당에서 밥을 사 먹었어요. '외식을 안 하면 음식 버리는 일도 없을 텐데.' 생각하면서도 나쁜 버릇처럼 식당에 들어가서 돈을 주고 밥을 사 먹게 돼요.

밥을 먹다가 갑자기 산골 마을에서 농사지으면서 만난 마을 할아버지 생각이 났어요. 할아버지는 '돈 주고 밥을 사 먹으면 죄짓는 일'이라 여겨 한평생 돈 주고 밥을 사 먹어 본 적이 없다고 하더군요. 기껏해야 이웃 잔칫집에 가서 밥을 나누어 먹는 일이 외식이라면 외식이었대요. 그런데 우리는 툭하면 핑계를 대면서 외식을 하지요. 외식을 하더라도 한식을 먹으면 다행이지만 육고기나 양식 따위를 자주 먹으니 기가 찰 노릇이지요.

나는 외식할 때 되도록이면 접시를 하나 달라고 해요. 그래서 내가 먹을 만큼만 접시에 덜고 주인에게 다시 돌려 드린답니다. 음식을 남기면 틀림없이 쓰레기통으로 들어가거나 다른 사람들 밥상에 다시 올라갈 테니까요. 가끔 착한 식당 주인을 만나면 걱정하지 않아도 되지요. 반찬이 남지 않도록 차려 주면서 "모자라면 언제든지 말하세요. 더 드리겠습니다." 하고 친절하게 말해 주니까요.

식구들이 어쩔 수 없이 외식을 하게 되거든 음식을 남기지 않도록 서로 의논해 보세요. 먹지도 않을 음식을 이것저것 손만 대고 헤집어 놓으면 다 버려야 하거든요. 될 수 있으면 외식은 안 할수록 살림에 보탬이 되고, 우리 농촌과 환경을 살리는 데도 도움이 되고, 식구들도 건강하게 살 수 있어요. 집에서 정성껏 씻어서 정성껏 만든 음식을 나누어 먹어야 살이 되고 피가 될 테니까요.

■ 가끔은 돌 씹히는 밥도 먹자

"에이 참, 엄마! 엊그제도 돌이 씹히더니 또 씹혔어요."
"이 안 다쳤나? 아침에 돌 잘 가린다고 가렸는데 또 들어갔네."
 늘 현미 잡곡밥을 먹는 우리 집에서는 밥을 먹다가 가끔 돌을 씹을 때가 있어요. 이런 일은 누구나 겪어 보았겠지요. 자기 집이든 남의 집이든 밥 먹다가 돌이 씹히고 머리카락이 보이면, 다른 사람 눈치채지 않게 가려 내면 좋겠어요. 땀 흘리며 농사지은 사람이나 애써서 음식을 준비한 사람의 정성을 생각하면 그까짓 돌이나 머리카락쯤은 못 본 척해야지요.
 밥 먹는 태도를 보면 가정 교육을 잘 받았는지 잘못 받았는지 금세 알 수 있다고 해요. 허리를 펴고 바르게 앉아서, 반찬은 골고루 천천히 먹고, 조금 싱겁거나 짜더라도 군소리 없이 맛있게 먹을 수 있도록 가르쳐야 해요. 우리 목숨을 이어 주는 귀한 밥인데.
 식구들과 함께 밥을 먹을 때는 어른이 먼저 드시고 나면 먹어야겠지요. 또 한 가지, 밥 먹기 전에 손 씻는 버릇을 꼭 들여야 해요. 왜냐면 밥을 깨끗한 마음으로 먹기 위해서지요. 그리고 손에 묻은 나쁜 세균이 아이들 몸에 들어가면 여러 가지 병을 일으키니까요.
 밥 먹고 나면 밥그릇에 물을 조금 부어서, 밥그릇에 붙어 있는 밥알을 깨끗이 씻어서 마시도록 해요. 그래야만 밥을 귀하게 여기는 마음이 저절로 들 테니까요. 밥그릇에 물 부어서 먹는 것은 절에 있는 스님만 하는 것이 아니라 우리 모두가 꼭 해야 하는 일이지요.

■ 하늘이 내려 준 밥

밥 먹는 자식에게

이현주

천천히 씹어서
공손히 삼켜라
봄부터 여름 지나 가을까지
그 여러 날들을
비바람 땡볕 속에 익어 온 쌀인데
그렇게 허겁지겁 먹어서야
어느 틈에 고마운 마음이 들겠느냐
사람이 고마운 줄 모르면
그게 사람이 아닌 거여

아무리 먹어도 질리지 않는 밥은, 하늘이 우리 백성에게 내려 준 가장 귀한 선물이지요. 하늘을 나는 새도 땅이 없으면 살 수가 없듯이 사람도 땅에서 난 것을 먹지 않으면 살 수가 없어요. 그런데 땅에서 나는 귀한 쌀이 남아돈다고 해요. 그래서 밥을 먹는 것만으로도 우리 농업과 농촌을 지키고, 나라를 지키는 일이라고 하더군요.

미국 워싱턴 대학 비만 연구소는 밥을 먹으면 뚱뚱해지지 않는다고 연구 결과를 밝혔대요. 지방은 몸 속에 쌓이지만 쌀과 같은 전분은 몸 속에 많은 양을 저장할 수가 없어, 에너지원으로 사용하기 때문이래요. 그리고 밥은 밭에서 나는 여러 곡식과 바다에서 나는 해산물로 만든 반찬과 같이 먹기 때문에 다이어트 효과가 높다고 해요.

 밥을 먹어야 하는 까닭을 말하라고 하면 밤새 말해도 다 할 수 없을 만큼 많아요. 이렇게 귀한 밥을 아이들이 고마운 마음으로 먹을 수 있도록 아버지가 '밥 특강'을 하면 어떨까요? 밥을 왜 고마운 마음으로 먹어야 하는지 알아야 밥을 귀하게 생각할 테니까요.

■ 밥을 맛있게 지으려면

 밥상에 밥이 올라오기까지는 사철 내내 농부의 손길이 백 번 넘게 필요하대요. 하늘이 돕고 농부의 정성이 어우러진 밥을, 우리 겨레의 목숨을 이어 온 황금보다 더 소중한 밥을, 수입 농산물 때문에 빼앗겨서는 안 되겠지요.
 사람 됨됨이를 알고 싶으면 밥을 바라보는 눈빛과, 밥을 삼키는 모습과, 밥을 다 먹고 난 뒤의 빈 그릇이 어떤 상태인지를 보면 금세 알 수 있다고 해요. 하늘이 내려 준 이 소중한 밥을 맛있게 먹기 위해서 꼭 알아야 할 몇 가지가 있어요.
 쌀알이 여물고 고르며, 부서진 쌀알이 없고, 도정한 지 얼마 되지 않은 현미를 사야 해요. 쌀을 보관할 때는 직사 광선과 습기가 없는 곳에 두세요. 아무 곳에나 두면 쌀에 금이 가고 상하기 쉬우며 곰팡이나 세균이 생겨요.
 오랫동안 쌀을 물에 불리면 밥맛이 떨어져요. 30분 남짓 불린 뒤, 체에 밭여 물기를 빼고 밥을 지으면 맛이 좋아요.

그리고 꼭 알아 두어야 할 것은 쌀뜨물은 천연 세척제니까 버리지 마세요. 합성 수지 용기에 김치나 생선 냄새가 배어 있을 때는 쌀뜨물에 30분 남짓 담갔다가 씻으면 냄새가 없어진답니다.

이렇게 맛있게 지은 밥은 꼭꼭 씹어서 천천히 먹어야 해요. 옛 어른들은 "밥 먹을 때 말을 하면 복이 나간다."고 했는데, 그 말은 밥 먹을 때는 꼭꼭 씹어서 먹는 데만 마음을 쓰라는 뜻이 아닐까요? 음식이 위장에 들어가기 전에 잘 씹어서 먹으면, 침이 음식에 들어 있는 독성을 없애 준답니다. 침 속에 있는 여러 효소가 발암 물질의 독을 없애는 일을 한다니까요.

그리고 어떤 음식이든지 서른 번 이상 씹어야 하는 까닭은, 적어도 30초쯤 씹어야 소화가 가장 잘 되기 때문이래요. 오래 씹을수록 효소와 비타민이 많이 나오고, 턱뼈가 단단해져 머리가 좋아지고, 본래의 맛을 더 잘 알게 되고, 과식하지 않고, 소화가 잘 되고, 목이 마르지 않고, 뚱뚱한 사람은 야위게 되고, 야윈 사람은 살이 찌게 된답니다. 머리도 맑아지고요.

아무리 '빨리빨리'를 좋아하는 우리 나라 사람들이지만 밥 먹을 때라도 천천히 꼭꼭 씹어서 먹어야 해요. 집에 오랜만에 손님이 와서 함께 저녁을 먹고 있는데, 손님이 밥을 반도 먹기 전에 주인은 다 먹어 버렸다고 생각해 보세요. 혼자 멋쩍게 먹어야 하는 손님 마음이 어떨까요?

■ 김치와 된장

패스트푸드를 즐기는 어린이가 늘면서 우리 나라 어린이 30퍼센트가 비만이라고 합니다. 비만은 죽음에 이르는 위험한 병입니다. 비만인 어린이 10명 가운데 3명이 고혈압, 지방간과 같은 성인병 증세를 보이고 있습니다.

국내 5대 외식 업체 연간 매출액이 1조 원이 넘어섰다고 합니다. 1주일에 49.1퍼센트가 패스트푸드를 1~4회 정도 먹고 있으며, 밥 대신 패스트푸드를 먹는다는 사람도 늘어나고 있습니다.(2000년에 여론 조사 기관 피앤피 P&P 리서치 그룹에서 한 조사)

문제는 누가 얼마나 많이 먹고 얼마나 많은 이익을 남겼느냐가 아니에요. 패스트푸드를 먹게 되면 자라나는 아이들의 몸만 망치는 것이 아니라 정신까지 망치게 됩니다. 한국 청소년 연구소가 조사한 비행 청소년의 식생활에 관한 연구를 보면 비행 청소년들이 일반 청소년에 견주어 패스트푸드 인스턴트 음식을 두 배 남짓 더 먹는 것으로 나타났대요.

편리함을 부추기는 다국적 기업의 마케팅 전략에 놀아나는 것은 돈이 아니에요. 우리 나라를 이끌어 갈 아이들의 몸이지요. 더 깊은 병이 들기 전에, 오늘부터 우리 식구들이 안심하고 먹을 수 있는 생명 있는 밥상을 차려야 해요.

단것을 자꾸 좋아하게 되면 김치와 된장을 싫어하게 되지요. 거꾸로 김치와 된장을 좋아하게 되면 단것을 싫어하게 된답니다. 한 번 입맛이 바뀌면 쉽게 돌아오지 않듯이, 한 번 병든 몸은 쉽게 낫지 않아요.

■ 밥상에 반찬 세 가지만

몇 해 전부터 성당이나 여러 단체를 돌아다니며 '생명 공동체 운동'에 대한 특강을 할 때마다, 밥상에 반찬을 세 가지 넘게 차리지 말라는 부탁을 했어요. 손님이 오는 날은 한두 가지 더 차릴 수도 있겠지요.

내가 말한 세 가지 반찬이란 음식을 버리지 않도록 소박하게 밥상을 차려 달라는 얘기였지요. 그런데 사람들은 숫자에 살다가 숫자에 죽을 사람처럼 따지고 헤아리느라 정신이 없었어요.

반찬 가짓수가 적으면 음식 귀한 줄 알게 되고, 반찬투정 안 할 것이고, 배탈날 확률도 적고, 수도 요금과 가스 요금 적게 나오고, 시간도 절약하고, 생활비도 적게 들겠지요. 생활비 아껴서 가난한 이웃들과 나눌 수 있고, 우리 아이들에게 검소하게 사는 모습을 보여 주니 참교육이 되고, 버리지 않으니 환경을 살릴 수 있고, 깨끗하고 아름다운 세상을 아이들에게 물려줄 수 있으니 얼마나 좋은 일인가요?

음식을 여러 가지 차린다고 해서 건강에 도움이 되는 것이 아니에요. 여러 가지 음식을 소화하기 위해서 몸이 피곤해지니까요. 그리고 아무리 정성들여 차려 놓아도 식구들이 다 먹지도 않을 것이고, 이래저래 먹지도 않고 밥상에 몇 번 올라왔다 내려갔다 하다 보면 쓰레기통으로 들어갈 테니 음식에게 미안한 일이지요. 음식을 쓰레기통에 버리는 짓은 하느님, 부처님을 쓰레기통에 버리는 짓이니, 더도 말고 덜도 말고 먹을 만큼만 밥상에 올렸으면 좋겠어요.

■ 아이를 어떻게 살찌우세요?

- 조림보다 볶음이나 튀김 요리를 자주 한다.
- 식단을 아이들이 좋아하는 음식으로 짠다.
- 생선보다는 육고기를 많이 먹인다.
- 저녁은 풍성하게, 아침과 점심은 간단하게 차린다.
- 프라이팬 하나로 거의 모든 요리를 만든다.
- 음식을 짜게 한다.
- 사흘에 한 번꼴로 음식을 시켜 먹는다.
- 밖에 나갈 때마다 외식을 하고, 밤참을 자주 먹는다.
- 밥 먹는 시간을 들쭉날쭉하게 하고, 먹을 때는 빨리 먹으라고 다그친다.
- 과자와 아이스크림을 자주 먹는다.

아이를 비만으로 만들고 싶은 부모는 이렇게만 하면 된다네요.
 어릴 때 기름진 음식을 먹은 탓으로 살이 찐 아이들은 어른이 되어도 80퍼센트 이상 비만이 될 수 있대요. 그래서 어릴 적에 무엇을 먹느냐가 중요하다는 것이지요. 학교에 가서도 운동은 하지 않고 가만히 앉아서 공부만 하다가, 학원에 가면 또 가만히 앉아서 공부만 하다가, 집에 돌아오면 몸은 움직이지 않고 텔레비전과 컴퓨터에 빠져 있는 아이들을 보면 마치 사람이 아니라 기계를 보는 듯합니다. 참 무서운 일이지요.
 한 주에 적어도 이삼 일은 식구들이 함께 운동을 할 수 있도록 억지로라도 틈을 내면 좋겠어요. 온 식구가 운동을 하면 몸과 마음이 튼튼해지니 병원비 줄일 수 있고, 식구들끼리 이야기를 나누다 보면 정도 깊어지니 행복이 저절로 찾아오겠지요. 바쁜 도시 삶 속에서 쉬운 일은 아니지만 누구나 마음만 먹으면 할 수 있는 일이에요.

■ 과일도 제철이 헷갈리겠지요

어린이 5백 명한테 물었더니 가장 좋아하는 음식이 돼지고기튀김(돈까스), 피자, 불고기였고, 가장 싫어하는 음식이 김치, 채소, 양파라고 했대요. 자기 나라 음식을 싫어하고 남의 나라 음식을 좋아하니 아이들 건강이 걱정이네요.

그리고 철도 모르고 남새나 과일이 쏟아져 나오니 제철에 나오는 것이 무엇인지 헷갈리는 세상이 되었어요. 이 모두 사람들의 지나친 욕심 때문이 아닐까요? 제 땅에서 제철에 나온 음식을 먹어야 건강하다고 떠들어 대는 어른들이 겨울에도 온갖 과일이나 남새를 가꾸어 팔고 있으니 말과 행동이 다르네요. 이런 어른들 밑에서 자라는 아이들이 소나무처럼 꿋꿋하게 자랄 수 있을까요?

요즘 사람들은 철도 모르고 쏟아지는 음식들을 먹어 대니 날이 갈수록 철이 없어요. 나이만 들었지, 어린애처럼 철이 들지 않는 까닭은 철도 모르고 쏟아지는 음식들을 먹고살기 때문이래요. 건강을 지키고 사람답게 살기 위해서는 제 땅에서 제철에 나온 음식을 먹어야 해요.

다시 자연으로 돌아가라는 신호로 여러 가지 병이 생기는 것인데, 사람들은 알면서도 말을 듣지 않아요. 왜냐하면 도시의 편리함에 이미 몸과 마음이 젖어 버렸으니까요. 요즘은 아이들까지 성인

병에 걸린다니 걱정이 산처럼 쌓여 앞이 캄캄해요. "늦다고 할 때가 가장 이르다."는 말이 있듯이 오늘 저녁 식구들이 둘러앉아 내일부터 우리 집 밥상에 어떤 음식을 차릴지 의논해 보세요.

■ 알맞게 먹으면 의사도 필요 없어요

자식 키우는 부모 마음은 아이들 몸에 좋다는 것은 다 해 주고 싶겠지요. 그렇다고 아무리 좋은 음식이라도 배불리 먹이지 마세요. 먹을 게 늘 모자라던 때는 배불리 먹으라는 말이 인정스럽게 들렸지만 지금은 빨리 죽으라는 말과 같아요.

알맞게 먹으면 의사도 필요 없대요. 건강하게 오래 산 사람들은 배불리 먹지 않았으며, 만일 배불리 먹었다 해도 몸으로 일을 했기 때문에 소화가 잘 되었답니다. 요즘 아이들은 공부 때문에 땀 흘리며 일할 틈이 없으니 알맞게 먹어야 해요. 많이 먹고 병이 들면 의사나 식구도 아무런 도움이 안 되니까요. 먹을 게 없어 굶어 죽는 아이들도 있는데, 배불리 먹어서 병에 걸린다면 참 부끄러운 일이 아닐까요?

사람은 누구나 건강하게 살고 싶지만 자기도 모르는 사이에 병이 들기도 하지요. 우리 조상들은 병이 들면 먼저 자기의 삶을 뒤돌아보면서 잘못된 삶을 뉘우치는 기회로 삼았대요. 병을 적으로 보고 싸우는 어리석음을 저지르지 않았고, 모든 병의 증상을 건강을 되찾기 위한 친구로 삼았대요. 서양의 히포크라테스도 "자연이 아니면 몸 안의 질병을 이겨 낼 수 없다."고 했듯이, 사람은 자연 속에서 자연과 함께 숨쉬고 살아야만 건강을 지킬 수 있어요.

■ 목숨 가진 모든 것들에게 축복을

옛날 스님들은

　　　　김종상

옛날 스님들은
엉성한 짚신을 신었대요.
벌레가 밟혀도 죽지 않게.

옛날 스님들은
지팡이에 방울을 달았대요.
숲 속의 산짐승들
방울 소리 듣고 피하라고.

옛날 스님들은
걸을 때도 불경을 외었대요.
목숨 가진 것들 모두에게
축복이 있으라고.

아이들한테 이 시를 읽어 주면서 '목숨 가진 것들'에 대한 이야기를 들려주면 좋겠어요.
　비 그친 날이면 눈에 잘 띄는 길쭉하고 끈적끈적한 지렁이가 메마른 땅 속을 기어다니며 얼마나 땅을 기름지게 하는지, 지렁이가 싼 똥이 거름이 되어 건강한 먹을거리를 만들어 준다는 이야기도 해 주세요. 지렁이가 우리한테 베풀어 주는 것만 이야기해도 한 시간 동안은 할 수 있을 거예요. 나는 지렁이보다 좋은 일을 많이 하고 산 사람을 아직 만나지 못했어요. 지렁이뿐만 아니라 나비, 잠자리, 벌, 제비, 모든 벌레와 새와 나무와 풀 들도 우리와 함께 숨을 쉬면서, 우리가 살아갈 수 있도록 도와 주고 있어요.

목숨 가진 것들은 아무리 하찮게 보여도 다 귀한 눈으로 보아야 해요. 사람이 자연을 지배하는 것이 아니라 사람도 자연의 일부라는 것쯤은 어릴 적부터 알고 있어야지요. 그래야 자연을 함부로 여기지 않을 테니까요.

■ 채식을 해야 하는 까닭

"약 10억 명의 인류가 굶주림에 시달리고 있지만 '인간이 먹어 치우기 위해' 키우는 소를 비롯한 가축들은 전세계 곡물 생산량의 3분의 1을 소비하고 있다."

위 글은 《육식의 종말》을 쓴 제레미 리프킨이 육식 문화에 던진 경고장이에요. 몇십 년 전이나 지금이나 소를 기르기 위해(결국 돈을 벌기 위해) 다국적 기업들은 열대림을 파괴하고 있어요. 지금도 전세계에서 12억 마리가 넘는 소들이 풀을 모조리 뜯어 먹고 밟아 뭉개면서 자연을 해치고 있답니다. 축산 단지에서 나오는 메탄, 이산화탄소, 아산화질소 따위는 지구 온난화의 원인이라고 해요.

육식은 자연에만 해를 끼치는 것이 아니라 사람한테도 굉장히

해롭습니다. 1917년 전쟁 때 감자와 보리 소비에 중점을 둔 배급 정책을 실시한 덴마크를 볼까요? 연합군의 독일 봉쇄 작전으로 육류를 구할 길이 막혀 3백만이 넘는 덴마크 사람들이 채식으로 목숨을 이어 갔답니다. 그런데 놀랍게도 그 해 질병으로 죽은 사람이 34퍼센트나 줄어들었다고 해요.

우리 나라 사람들이 지금 아이고 어른이고 알 수 없는 여러 가지 피부병과 성인병에 시달리고 있는 까닭도 육식이 늘어났기 때문이라고 말하는 학자들이 많아요.

왜 우리가 자연으로 돌아가야 하며, 왜 우리가 채식을 해야 하는지 《육식의 종말》은 잘 말해 주고 있어요. 이 책을 꼭 읽어 보시면 좋겠어요. 더구나 외식이 잦은 아버지들은 모든 일 제쳐놓고 이 책을 꼭 읽어 보시고 다른 사람한테도 알려 주면 좋겠어요. 애쓴 만큼 오염된 자연은 살아나고 세상은 아름다워질 테니까요.

"채식을 4년째 하다 보니 이젠 고기 냄새가 비립니다. 고기가 섞인 음식을 모르고 먹어도 몸이 금세 알아채고 피곤해질 정도입니다." (김형진, 36세, 회사원)

"채식에도 금단 현상이 있더라고요. 몇 달은 정말 고기가 먹고 싶었지만 그 때를 넘기면 몸이 너무 편해집니다." (박하재용, 23세, 대학생)

"화내는 일이 줄고 마음이 훨씬 가벼워졌어요. 생활도 간소해졌고요." (김성희, 34세, 한살림 자원 활동가)

채식을 하고 나서 몸과 마음이 바뀐 사람들의 이야기가 텔레비전이나 신문을 통해 인기를 끌고 있는 까닭은 그만큼 자연과 사람이 병들었기 때문이지요.

  한의사 손용기 씨는 아이들의 정신 산만과 집중력 장애 치료에 채식 요법을 쓴답니다. 지금까지 수많은 임상 경험을 통해 채식이 마음을 다스리는 데 큰 효과가 있다는 사실을 알았대요. 그리고 사람의 장은 채식 동물과 비슷하게 길어 고기를 먹으면 장에 오래 머물게 돼, 부패한 고기에서 나오는 독소를 흡수하게 된다고 해요. 이렇게 탁해진 피가 뇌에 흐르면 피의 공급이 원활하지 못해 사람의 몸과 마음에도 어떤 영향을 끼칠 수 있다고 해요.

  많은 일을 성취하는 비결은 지금 당장 한 가지 일을 실천하는 것이라고 하지요. 오늘부터라도 육식은 줄이고(안 먹을 수 있다면 더 좋겠지만) 채식은 늘이면서 스스로 몸과 마음의 흐름을 살펴보세요.

■ 평생 소나무 237그루를 죽이고

나무 한 그루 공책 한 권

서정홍

공책 한 권 쓰는 것을
나무 한 그루 쓰는 일이라 생각하고
한 장도 빠짐없이 아껴 쓰라는
우리 선생님.

우리가 쓰는
공책을 만들기 위해
가장 먼저
나무를 베어야 한답니다.

공책을 함부로 쓰는 것은
나무를 함부로 죽이는 일이랍니다.

달랑 한 장 남은
산수 공책을 바라보니
커다란 나무 한 그루가
나를 쳐다보는 것 같습니다.

우리 나라 사람이 평생 동안 쓰는 나무의 양은 얼마나 될까요? 산림청 임업 연구원은 1999년 한 해 소비된 목재와 종이를 근거로 국민 한 사람이 쓴 목재 소비량을 계산해 보니, 30년생 높이 18미터 소나무 237그루를 쓰는 것으로 나타났답니다. 한 사람이 1년 동안 사용하는 종이 양도 10년 전보다 50퍼센트 늘어난 139킬로그램이나 된답니다. 꼭 이런 계산을 늘어놓지 않더라도 나무는 사람을 지켜 주고 보호해 주는 생명이지요. 이런 귀한 생명을 함부로 쓰면 안 되겠지요.

아이들과 함께 나무를 아끼고 사랑하는 마음으로 시 한 편씩 써 보세요. 조금 서툴더라도 괜찮아요. 시는 자신의 사상과 감정 속에서 나오는 것이니, 나무를 아끼고 사랑하는 마음만 있으면 누구든지 감동스런 시를 쓸 수 있어요.

■ 나락 한 알 속에

밥상에 밥이 올라오기까지 무엇이 있어야 할까요? 아이들과 함께 적어 가면서 이야기를 나누어 보았어요.

"아버지, 가장 먼저 볍씨가 있어야 해요. 그리고 물도 있어야 하고, 논도 있어야지요."

"그렇지, 정말 꼭 필요한 것만 말하네. 또 무엇이 있어야 할까?"

"거름도 있어야 하구, 농부도 있어야지요."

"와, 우리 아들 제법 많이 아네. 우리 집 밥상에 밥이 올라오기까지는 그것말고도 많지. 먼저 낮과 밤이 있어야 해. 벼도 잠을 자야 하거든. 그래야 꽃도 피고 열매를 맺을 수 있으니까. 그리고 바람도 꼭 있어야 해. 벼 사이로 바람이 들어가지 않으면 더워서 썩어 버릴 수도 있거든. 비도 와야 하고, 햇빛도 비춰야 하고, 지렁이, 잠자리, 나비, 나무 들도 있어야 하고, 풀도 꼭 있어야 해. 왜냐면 논두렁에 풀이 나지 않으면 비가 조금만 내려도 논두렁이 무너져 내리지 않겠나?"

"아버지, 진짜로 필요한 게 많네요."

"그렇지, 사람 사는 거 하고 비슷하다고 생각하면 된다. 논에 거름을 많이 뿌려도 병이 들고 거름을 적게 뿌려도 병이 들지. 사람도 너무 많이 먹거나 너무 적게 먹으면 병이 드는 것처럼 말이야. 땅도 배탈을 하거든."

우리 식구들 입에 밥이 들어오기까지 이렇게 많은 생명이 애를 썼구나 생각하면 "나락 한 알에 온 우주가 들어 있다."는 말이 그리 어렵게 들리지 않을 거예요.

가장 흔한 것이 가장 귀한 것이라고 하지요. 눈만 뜨면 먹고 마시는 밥과 물과 공기 들이 얼마나 귀한 것인지 우리는 잘 알고 있어요. 그래서 하느님은 가난한 사람들도 마음놓고 살아갈 수 있도록 가장 귀한 것을 가장 흔하게 만드신 것이지요. 바쁜 농촌 일손 돕는다는 마음으로 하루쯤 온 식구가 농촌에 내려가 모심기를 해 보세요. 가장 흔한 밥이 가장 귀하다는 것을 아이들이 온몸으로 느낄 수 있을 거예요. 나락 한 알에 온 우주가 들어 있다고 백 번, 천 번 말하는 것보다 땀 흘려 일하고 나면 저절로 깨우치게 된답니다.

식구들이 밥상에 앉아 밥을 먹을 때는 아버지가 이런 말 한 마디쯤 하면 어떨까요? 이럴 때는 식구들이 눈을 감아도 좋아요.

"우리가 밥을 먹을 때마다, 이 밥이 있기까지 애쓴 농부들을 생각하게 하소서. 이 밥 속에 들어 있는 하늘과 땅과 햇빛과 바람과 물과 지렁이와 살아 있는 모든 생명의 숨소리에 귀 기울이게 하소서. 이렇게 귀한 밥을 편안하게 앉아서 먹을 수 있으니, 이 밥을 먹고 이웃들과 함께 자연을 아끼고 사람을 사랑할 수 있도록 슬기를 주소서."

아이들도 한 마디 하라고 했더니 "이른 아침부터 밥 짓느라고 애쓰신 우리 어머니! 고맙습니다." 이렇게 큰 소리로 말하더군요. 그 어머니 속에는 모든 생명이 들어 있겠지요.

■ 농촌과 도시를 이어 주는 생명 공동체 운동

우리가 날마다 먹는 음식에는 썩지 않게 하는 방부제, 먹음직스러운 빛깔을 내는 발색제, 맛을 내는 화학 조미료, 산화를 방지하는 산화제, 그 밖에도 단맛을 내는 감미료, 식품을 하얗게 보이게 하는 표백 살균제, 신맛을 내는 산미료, 4백 가지가 넘는 식품 첨가물이 들어 있어요. 몸에 해로운 식품 첨가물이 우리 몸을 조금씩 조금씩 죽음으로 몰아넣고 있지요. 아이들이 즐겨 먹는 것이 거의 이런 불량 식품이니 참 걱정이에요. 어떻게 하면 좋을까요?

시장이나 백화점에서 팔고 있는 음식이 겉만 미끈하다고 해서 다 좋은 것은 아니라는 것쯤은 누구나 알고 있지요. 모양 좋고 때깔 좋은 음식이 얼마나 많은 농약과 방부제에 찌들었는지 어리석은 사람은 잘 모르지만, 벌레는 잘 알고 있답니다. 사람이 벌레보다 못해서야 어찌 사람 노릇을 할 수 있겠어요. 그래서 먹는 것을 살 때는 겉보다는 속이 깨끗한 것을 고를 수 있는 눈을 길러야 해요. 누가, 어떤 방법으로 생산했는지 정확하게 잘 알지 못하는 음식은 사지 않는 것이 가장 좋겠지요. 내 손에 오기까지 어떤 과정이 있었는지 알 수 없는 음식을 사서 밥상을 차린다는 것은 식구들을 병들게 하고 죽이는 일이니까요.

건강한 밥상을 차리려면 생산하는 농민과 마음을 나누고, 서로의 삶을 지켜 주기 위해서 애쓰고 있는 믿을 만한 시민 단체나 생활 협동 조합에서 파는 음식을 사야 해요. 그 길만이 자본의 힘 앞에 무너져 가는 우리 농촌과 오염된 환경을 살릴 수 있어요.

농촌 생산 공동체는 도시 생활 공동체에서 바라는 양만큼 심고, 도시 생활 공동체는 계약한 농산물을 정당한 값을 치르고 공급받으면 되겠지요. 이렇게 도시와 농촌을 이어 주는 운동을 생명 공동체 운동이라고 하지요. 마음만 먹으면 누구나 실천할 수 있는 운동이에요. 틈이 나는 대로 생산 농민과 논밭일을 같이 하면서 바로 직거래를 하면 좋겠지만, 여러 가지 어려움이 있으니 시민 단체에서 판매장을 열거나 생협을 만들어서 도와 주고 있지요. 조금 불편하고, 바라는 것을 손쉽게 살 수 없다 하더라도 생명 공동체 운동에 나서 주세요. 우리 아이들이 튼튼한 몸으로 밝고 아름답게 자랄 수 있도록.

5부
지금 우리가 사는 세상은

파키스탄에서 다녀간 친구...

이 땅의 아이들은 "공부를 잘 해야 편하게 살 수 있다."고
공부만 가르치는 어른들 때문에 일의 소중함과 기쁨을
모르고 자라지요. 낡고 고장난 기계와 다를 게 없을 만큼
영혼이 메말라 있어요.
사람은 공부하려고 태어난 것이 아니라
일하기 위해서 태어난 것이지요.
공부하기 위해서 일하는 것이 아니라,
일하기 위해서 공부해야 하는 것이지요.
이 세상에서 가장 큰 기쁨은 일하면서 얻는
것이니까요.

■ 간디의 건강 철학

간디는 "병이란 단순히 우리의 행동에서 생기는 것이 아니라 우리가 가진 생각의 결과"라고 했어요. 우리의 몸과 마음은 둘이 아니라 하나라는 말이지요. 흐트러짐 없는 채식주의자로 잘 알려진 간디는 "건강을 유지하려면 무엇을 먹든 양과 횟수를 줄여야 한다."고 했어요. "절제하라, 넘치는 것보다 모자라는 것이 낫다."고 지금도 우리 곁에서 말씀해 주고 있는 듯해요. 몸과 마음을 다스리는 간디의 '건강 철학'을 가슴 깊이 새겨 보세요.

- 될 수 있는 대로 순수한 생각을 하고 게으르고 나쁜 생각을 떨쳐 버려라.
- 밤낮으로 깨끗한 공기를 마셔라.
- 육체 노동과 정신 노동 사이의 균형을 지켜라.
- 바르게 서고 바르게 앉고 정결하고 단정한 행동 하나하나에 마음과 정신이 드러나게 하라.
- 이웃에게 봉사하는 삶을 살기 위해서 음식을 먹어라.
- 먹는 물과 음식과 공기는 반드시 깨끗해야 한다.
- 나아가 주변 환경을 자신을 위한 것보다 세 배 더 깨끗하게 하라.

■ 정전되던 날

가는 날이 장날이라더니 아파트 24층에 사는 후배 집들이 하는 날, 갑자기 정전이 되었어요. 3층, 4층에 살면서도 승강기 타고 다니던 사람들이 10층이든 20층이든 그날은 걸어서 올라가야 했어요. 24층에 있는 후배 집까지 나도 걸어서 올라갔어요.

7층에서 한 아이가 울고 있었어요. 10층에서도 한 아이가 울고 있었어요. 왜 우느냐고 물었더니 다리가 아파서 운다고 하더군요. 초등 학교 3, 4학년 아이들이 다리가 아파서? 토끼처럼 뛰어다닐 나이에 그까짓 7층, 10층 층계 오르는 것이 무어 그리 힘들다고 울고 있었을까? 공부에 매달려 승강기처럼 바쁘게 오르내리며 살아온 도시 아이들은 몸이 약하니 정신도 약할 수밖에 없지 않을까? 이대로 영원히 정전이 된다면 어떻게 살 것인가?

하루라도 안 먹으면 안 되는 물은, 하루라도 안 보면 안 되는 텔레비전은, 하루라도 안 켜면 안 되는 컴퓨터는, 하루라도 열지 않으면 안 되는 냉장고는…… 아, 생각할수록 까마득하기만 해요.

옛날 우리 어릴 적에는 배가 고프면 산으로 들로 바다로 나가서 배를 채웠지요. 그러나 요즘은 배가 고프면 냉장고 문만 열면 배를 가득 채울 수 있는 편리한 세상이 되었어요. 기계 발전으로 우리는 많은 것을 얻었지만 너무나 많은 것을 잃어버렸어요.

빠르고 편리하다는 것 때문에 우리는 걷기보다 자전거를, 자전거보다 버스를, 버스보다 자가용을 많이 타고 다니지요. 편한 만큼 자연과 사람을 병들게 하고 죽이고 있다는 사실을 우리는 잘 알면서 모르는 척 살아가지요. 우리가 낳은 아이들이 우리 때문에 병들어 죽어 가고 있는데도.

■ 작은 것이 아름답다

"우리는 언제쯤 이사 가는데요? 작은 방 한 개로 둘이 쓰니까 불편해요, 아버지."

"진우네는 집도 크고 억수로 좋은 자동차를 타고 다니는데, 아버지는 맨날맨날 고물차만 타고 다니고. 우리도 새 차 사면 안 돼요?"

가끔씩 아이들이 다른 사람들과 견주어 투정을 부리기도 해요. 그럴 때마다 하고 싶은 말이 있지만 다 할 수는 없겠지요. 말한다고 해서 다 알아들을 나이도 아니니까요. 세상이 그렇게 돌아가고 있으니 마음만 안타까울 뿐이지요.

옛날이나 지금이나 크고 웅장한 것을 좋아하는 사람들이 많아요. 학교는 학생 수가 많은 대도시에 있어야 좋은 학교라 하고, 일터는 대기업이라야 믿을 만한 곳이라 하고, 큰 절과 큰 교회라야 사람이 몰리고, 사람이 사는 집은 넓을수록 좋고, 사람이 타는 자동차는 클수록 좋다고 해요.

어른들이 이런 생각을 가지고 있으니 아이들은 작은 것이 얼마나 소중한지 잊고 살지요. 가만히 살펴보면 넓고 크다고 다 좋은 것은 아니에요. 넓고 클수록 환경을 살리는 데 걸림돌이 되는 게 더 많거든요. 집이 넓을수록, 자동차가 클수록 공기를 더 더럽히고 자연을 더 못살게 구니까요.

둘레를 잘 살펴보면 작지만 소중하고 아름다운 것이 참 많아요. 민들레, 강아지풀, 패랭이꽃, 꽃다지, 개나리, 쑥, 질경이, 제비꽃, 괭이밥, 도깨비바늘, 노랑나비, 호랑나비, 잠자리, 쌀, 보리, 밀, 고추, 콩, 팥, 마늘, 양파, 참깨, 들깨…… 이렇게 작은 것들이 사람들을 다 살리고 있어요. 황금 덩어리보다 더 귀한 보물인데 우리가 가끔 잊고 지내지요.

"은혜를 모르는 자식을 두기란 독사에게 물리는 것보다 더 고통스럽다."고 해요. 자연이 사람에게 베푸는 은혜를 우리는 원수로 갚고 있는 것은 아닌지, 아이들과 생각을 나누어 보세요. 이렇게 작은 것들이 왜 황금 덩어리보다 더 소중한지.

■ 아버지다운 아버지, 내 아우 순철이

순철이 아우는 올해 마흔 살이에요. 함양 덕유산 자락 작은 마을에서 초등 학교를 졸업하고 도시로 나와서 공장에 다닌 지 벌써 27년째래요. 일밖에 모르고 살아온 순철이 아우가 가진 것이라곤 열세 평 아파트 전세금으로 맡긴 2천5백만 원과 초등 학교 다니는

딸 둘, 아들 하나, 그리고 기계에 손가락 두 개 잘려 나간 오른손과 펄펄 끓는 쇳물에 데인 허벅지 흉터가 전부랍니다.

순철이 아우는 신문에 실린 가난한 사람들 이야기만 보면 후원금을 보내고, 가진 것을 나누고 싶어 잠을 이루지 못할 정도로 착하게 살고 있어요. 열세 평 아파트에 다섯 식구 살면서도 너무 넓다고, 그래서 가난한 사람들에게 죄짓는 일이라고 생각하며 살고 있지요. 제 욕심 차리고 살았으면 동무들처럼 서른 평 아파트 한 채쯤은 마련했겠지요.

순철이 아우는 살아가면서 단 한 번도 희망을 잃지 않았어요. 막내딸이 뺑소니 자동차에 치여 머리를 다쳐 의식이 없을 때도, 친구 보증을 섰다가 낭패를 당할 때에도, 한 발만 뒤로 물러서면 낭떠러지로 굴러 떨어질 처지에서도 희망만은 잃지 않았어요. 사람을 살리는 힘도 희망이라고 믿고 살았어요.

나는 순철이 아우를 볼 때마다, 아버지라고 다 똑같은 아버지가 아니라는 생각이 들었어요. 아버지가 되려면 아버지다운 삶과 철학이 있어야 한다는 것을 배웠어요. 순철이 아우는 가난하지만 가장 넉넉한 아버지라는 생각이 들어요.

■ 약을 팔지 않으려는 약사 선생님

우리 동네 ○○ 약국 약사 선생님을 처음 뵐 때는 보통 약사들처럼 생각했어요. 그런데 하루는 머리가 아파서 두통약을 달라고 했더니 "오늘 저녁까지만 참아 보고 그래도 머리가 아프면 다시 오십시오." 하지 않겠어요? 또 어떤 날은 손을 다쳐 바르는 연고를 달라고 했더니 "집에 가서 바르다가 남은 연고를 다 가져와 보세요. 바를 만한 연고가 있는지 없는지 살펴보고, 없으면 드리겠어요." 하더군요.

보통 약사들이라면 손님이 약을 달라고 하면 그냥 줄 텐데, 그 약사 선생님은 어지간하면 약을 주지 않아요. 약을 먹고 바르는 버릇을 자꾸 들이면 몸에도 안 좋고 정신 건강에도 안 좋다고, 약 안 주기로 소문이 났어요. 그래서 그분의 인기는 날이 갈수록 높아 갔어요.

오늘 저녁에는 아내와 아이들과 함께 약국에 갔어요. 도시에 살다가 생명 농업을 실천하기 위해 농촌에 들어간 동무가 있어요. 그이 아내가 아기를 가져서 빈혈이 심하다는 말을 듣고 영양제를 한 통 사려고 찾아갔어요. 약사 선생님은 제 이야기를 다 듣더니 "영교 아버님, 그렇게 좋은 곳에 쓸 약이라면 저도 반쯤 부담을 하고 싶은데 허락해 주시겠습니까?" 하고 묻더군요. 정중하게 물어 보기에 아무런 대답도 못 하고 있었더니 10만 원이 넘는 약값을 5만 원밖에 안 받더군요.

우리 동네에, 우리 아이들 곁에, 이런 약사가 있다는 것이 얼마나 든든한지 마치 내가 좋은 일을 한 것처럼 아이들 앞에 자랑스러웠어요.

■ 진짜 아버지, 김용석 씨

산업 재해로 하반신이 마비된 마흔두 살 김용석 씨가 울산대를 수석으로 졸업을 했대요. 수석 졸업을 하지 않았다 하더라도 나는 그분을 존경했을 거예요. 김용석 씨는 공장에서 일하다가 산업 재해로 휠체어에 의지해서 사는 지체 장애인이에요. 두 손밖에 쓸 수 없는 몸으로 장애인을 위한 도우미 로봇이나 재활기기를 연구하고 싶대요.

불편한 몸으로 혼자서 컴퓨터를 배워 정보 처리 기능사, 워드프로세서, 캐드 자격증을 차례로 땄어요. 그러고도 서른여덟 나이에 대학까지 들어간 까닭은, 두 손밖에 쓰지 못하지만 아이들에게 일을 하고 있는 아버지의 모습을 보여 주고 싶었기 때문이라더군요. 그 말을 듣고 나는 일하는 아버지 모습이야말로 가장 큰 교육이라는 생각이 들었어요.

아침마다 늦잠이나 자고, 쉬는 날이면 피곤하다는 핑계로 빈둥거리다가 하루를 다 보내 버리는 나 같은 아버지에게 김용석 씨는 많은 가르침을 주었어요. 아버지 노릇이 힘겹다고 느껴질 때, 가끔 김용석 씨가 생각나요. 사람은 몸보다 정신이 더 건강해야 한다는 것을, 어떠한 처지라도 남에게 봉사하는 마음으로 살아야 한다는 것을 배웠으니까요.

■ 가수 레나 마리아

두 팔이 없어요. 한쪽 다리는 30센티미터밖에 되지 않아요. 그런 몸으로 여행 다닌 도시가 수십 군데나 된대요. "팔은 없지만 대신 아름다운 목소리를 갖고 태어났다."고 아이처럼 웃으며 세상에서 가장 행복하게 살아간대요. 그 사람이 누구냐고요? 스웨덴 출신 가스펠 가수 레나 마리아예요.

레나는 오늘도 오른발로 글씨를 쓰고, 그림을 그리고, 밥을 먹고, 설거지와 뜨개질을 한대요. 립스틱을 바르는 일도 왼발로 척척한대요. 한쪽 다리로 물장구를 쳐 수영도 하고, 장애인용 차를 운전도 한대요. 오른발로 핸들을 잡고, 왼발로 여러 기기를 작동하면서도 팔이 없다고 해서 불행하다고 느낀 적이 없대요.

오른손잡이가 있고 왼손잡이가 있듯이, 남들이 손으로 할 일을 발로 할 뿐이라면서 들꽃처럼 환하게 웃고 있는 레나를 보면서 '살아 있다는 것만으로도 다른 이들에게 희망이 될 수도 있겠구나.' 싶더군요. 여러 나라에서 팔다리가 멀쩡한 사람들이 어제도 오늘도 날마다 편지를 보낸대요. "당신을 알게 된 뒤 불행하던 내 인생이 환하게 바뀌었다."고.

아이들에게 레나 이야기를 들려주면서 어느 새 내 가슴이 따뜻해졌어요. 우리 아이들이 나만큼 큰 감동은 없을지 모르지만, 언젠가 큰 어려움을 겪게 되면 아버지와 나눈 레나 이야기가 떠오르겠지요. 어떠한 처지에서든지 희망을 버려서는 안 된다는 것을…….

■ 갈수록 뼈가 약해지는 아이들

부모가 몸이 약하거나 병이 있으면 아이들도 몸이 약해지거나 병에 걸리기 쉽대요. 가장 큰 까닭은 똑같은 밥상에서 똑같은 음식을 먹고살기 때문이에요. 먹는 게 그만큼 중요하다는 거지요.

전문가들은 갈수록 어린이의 뼈가 약해진다고 해요. 청소년에게 당뇨병이나 신경통은 이제 드문 일이 아니고 심지어 뇌졸중이나 암까지 걸리는 세상이에요. 아이들이 몸이 약해지거나 병에 걸리는 까닭은, 돈만 벌 수 있다면 무엇이든 만들어 파는 어른들 때문이겠지요.

한 끼 굶더라도 바른 생각을 가지고 살아가는 어른들이 많아야 우리 사회가 튼튼한 뿌리를 내리고, 아이들도 건강하게 자랄 수 있을 텐데……. 불량 식품 따위를 만들어 파는 사람도 큰일이지만, 불량 식품조차 가리지 못하고 사서 밥상을 차리는 부모들도 있으니 어찌 아이들이 마음놓고 살겠어요?

아이들이 학교에서 먹는 급식도 문제가 심각해요. 한창 자라는 아이들이 안전한 우리 농산물을 먹는 게 아니라는 거지요. 벌레조차 싫어하는 더러운 수입 농산물과 조리하기 쉬운 인스턴트와 여러 가지 가공 식품을 먹고 배탈이 나서 아이들이 병원으로 실려 간다고 해요. 1996년 2,800명이던 식중독 환자가 2000년에는 7,000명으로 늘었으며, 2003년 3월 26일부터 며칠 사이에는 1,533명의 학생들이 설사 증세를 보여 병원에서 검사를 받았대요.

보다 못한 시민 단체와 학부모 들이 모여 학교 급식법을 개정하여 건강한 우리 농산물을 아이들에게 먹이자고 나서고 있답니다. 그래야 우리 농업과 농촌이 살고, 오염된 환경이 살고, 병든 아이들이 살아나겠지요.

사람을 칼로 찔러 죽여야만 살인죄가 되는 것은 아니에요. 사람이 먹어서 해가 되는 음식을 만들어서 먹이고 파는 짓도 한순간에 수천 수만 명을 죽일 수도 있으니 살인죄가 아니겠어요?

"지구는 인류가 살기에 충분한 조건을 갖추고 있으나, 사람의 탐욕까지 만족시킬 만큼 넉넉하지는 못하다."는 간디의 말을 잘 생각해 보세요. 자연을 가꾸고 지키는 일이 곧 모든 생명을 살리는 일인 것을, 우리는 잘 알면서도 자주 잊고 살 때가 많아요.

■ 아이가 농부가 되겠다고 하면 잔치를

얼마 전에 수능 시험을 보고 난 재수생이 점수가 낮게 나왔다고 12층 아파트에서 뛰어내려 죽었고, 초등 학생이 "공부하기가 버겁다."는 유서를 남기고 자기 집 가스관에 목을 매고 죽었어요. 교육부 조사에 따르면 한 해 2백 명이 넘는 학생들이 스스로 목숨을 끊는다고 해요.

우리 나라 학생들 가운데 5퍼센트만 갈 수 있는 일류대에, 모든 학생이 목을 매달고 입시 경쟁에 뛰어든다는 것은 어리석고도 어리석은 일이지요. 그것을 잘 알면서도 해마다 이런 일이 되풀이되고 있어요.

며칠 전에 사법 고시 합격한 산골 마을 이장 댁 아들을 축하한다고 마을 들머리에 현수막이 붙고, 경사가 났다고 잔치판이 벌어졌어요. 그걸 보고 선배가 한 마디 툭 던지더군요.

"또 도둑놈 한 놈 생겼는데 무어 저리 좋다고 야단이야? 나 같으면 땀 흘려 일하는 농부들 보기 미안해서라도 잔치고 나발이고 하지 않을 텐데."

세상 사람들이 성공했다고 말하는 것은 거의 땀 흘려 일하지 않고, 가난한 사람들 업신여기고, 돈 많이 벌고 편하게 먹고사는 것이잖아요. 만일 이장 댁 아들이 대학을 졸업하고 농부가 되었더라면 잔치를 베풀어 주었을까요? 아이들을 죽음으로 몰아넣고 있는 것은 결국 우리 마음 속에 자리잡은 거짓과 위선이라는 생각이 들었어요. 이 더러운 거짓과 위선을 언제쯤 던져 버릴 수 있을까요?

■ 아이들에게 스승을 찾아 주어야

반찬 세 가지 넘게 밥상에 차리면 가난한 이들에게 죄짓는 일이라고 일러 주신 이동순 선생님, 휴가 때마다 무료 급식소에 일하러 가던 김재원 선배, 다섯 명 넘게 모이지 않으면 난로조차 켜지 않고 겨울을 지낸다는 프란치스코 신부님, 정의와 진실이 필요한 곳이면 어디든지 달려가는 희망 연대 김영만 선생님, 편하고 돈 되는 도시를 버리고 스스로 농촌으로 들어가서 농부가 된 윤구병 선생님과 허병섭 목사님, 스스로 가난하고 불편하게 살기 위해 농업을 선택한 젊은 동지들······.

마음이 흔들릴 때마다 저는 스승을 생각해요. 어디서 살아 계시다는 말만 들어도, 아니 살아 계셨다는 말만 들어도 힘이 불쑥불쑥 솟아오른답니다. 선생은 많은데 참스승이 드문 세상에서 우리 아이들에게도 참스승이 가까이 있으면 얼마나 좋을까요?

지금 당장 우리 아이들의 삶을 이끌어 줄 스승은 너무 멀리 있어요. 나라, 사회, 학교, 교사, 부모, 형제, 이웃, 선배 들이 함께 아이들을 '죽이자'고 약속이나 한 것처럼 아이들의 스승인 자연을 빼앗아 버렸으니까요.

함께 잘사는 것이 아니라 내가 잘살아야 한다는 어리석은 사람들이, 내가 잘살려면 다른 이들의 가슴을 얼마나 아프게 해야 하는지 알면서도 모른 척하고 살아가는 지독한 사람들이, 살아남기 위해 먹고 마시고 버리고 온갖 쓰레기를 만들어 내는 사람들이 아이들의 스승을 빼앗아 버렸어요.

이제는 아이들의 스승을 찾아 주어야 할 때가 되었어요.

■ 휴대 전화 1,290만 대

　버려지는 휴대 전화가 1999년에는 664만 대였는데 2001년에는 1,290만 대로 늘어났어요. 지금은 더 많이 늘어났겠지요. 외화 손실액만 해도 연간 25억 8천만 달러에 이를 것이라고 해요. 이동 통신사들의 경쟁 때문에 해마다 모양이 바뀌던 휴대 전화가 지금은 달마다 바뀔 정도니, 어찌 아이들이 새로운 것에 빠져들지 않겠어요?

　돈으로 따지자면 한 대 10만 원으로 계산해도 1조 2천9백억 원입니다. 이 정도 돈이면 가난한 사람에게 집도 지어 주고, 병도 낫게 해 주고, 양식 걱정 없이 살 수 있게 해 줄 텐데…….

　돈보다 더 큰 문제는 휴대 전화 부품인 인쇄 회로기판에는 납, 수은, 비소, 베릴륨 들과 같은 유해 물질이 있고 배터리에도 에틸렌카보나이트와 같은 유기 용제가 있어, 함부로 버리면 흙과 물을 오염시키는 거지요. 안 쓸 수만 있다면 좋겠지만, 이미 편리함에 젖어 있기 때문에 당장 안 쓸 수는 없겠지요. 그러나 조금이라도 가난한 사람들과 자연한테 미안한 마음이 든다면 휴대 전화 잃어

버리지 마시고, 함부로 버리지 마시고, 오래 쓸 수 있도록 애써야 해요. 편리한 만큼 사람과 자연을 못살게 구는 것들이 많으니까요.

아이들이 휴대폰을 사 달라고 하면 먼저 가족 회의를 열어 보세요. 정말 필요한 것인지 서로 토론한 다음, 잘 판단해서 결정하세요. 남들이 가지고 다닌다고 무턱대고 사 주면 앞으로 또 무엇을 사 달라고 할지, 말 안 해도 훤히 보이거든요.

■ 쓰레기 문화를 없애려면

지리산 자락 해발 9백 미터에 위치한 청학동이 장사꾼들 욕심 때문에 아름다운 옛 모습을 잃어버렸어요. 청학동은 흰 한복 차림에 고무신을 신고, 길게 땋은 머리카락이 허리까지 닿는 청년들이 글 읽는 소리가 끊이지 않던 곳이지요. 부뚜막에서 밥 지어 먹으며 농사짓고 약초 캐면서 살던 곳이었어요.

그런데 지금 청학동 들머리에는 모텔식 민박, 노래 마당, 토종닭 전문, 욕실 완비 따위의 현수막들이 지나가는 사람들의 눈길을 사로잡고, 여기저기 식당과 민박집 들이 생겨 옛 모습을 찾을 길이 없어요. 그러니 찾는 이들마다 안타까워하고 있어요.

어디 청학동뿐이겠어요? 물 좋고 경치 좋은 골짜기들은 장사꾼들이 자리를 잡고 온갖 도시 '쓰레기 문화'를 퍼뜨리고 있지요. 이렇게 더러운 것들이 늘어나게 된 까닭은 그런 곳을 찾는 사람이 늘어나기 때문이지요.

돈만 있으면 자가용을 타고 세상 천지 못 가는 곳이 없고, 못 할 짓이 없는 세상을 만들어 놓고 맨날 죄 없는 아이들한테만 "이런

짓 하지 마라.", "저런 짓 하지 마라." 해 봐야 무슨 소용이 있겠어요?
"생선이 부패한 것은 썩은 냄새로 알 수 있고, 인간이 부패한 것은 호화로운 생활의 향수 냄새로 알 수 있다."고 하지요. 인간을 죽이는 것은 칼이나 총이 아니라 더러운 돈과 욕심이라는 생각이 들어요.

■ 행복하게 잘사이소

며칠 전 우리 일터에 김진국이라는 젊은이가 새로 들어왔어요. 어찌나 예의가 바르고 인사를 잘 하는지, 그 젊은이가 온 날부터 사무실 분위기가 확 달라졌어요. 예의바른 말이나 행동은 착하게 살 수 있는 지름길이고 자기 자신을 비추는 거울이지요. 예의바른 척하기 위해 인사를 억지로 하면 사람들에게 나쁜 인상을 주지만, 마음에서 저절로 우러나오는 인사는 돈으로 살 수 없는 값진 보물이에요.

나는 고속도로 통행료를 내고 "행복하게 잘사이소." 하고 인사를 해요. 통행료를 받는 분들은 내가 누군지 모르면서 환하게 웃더군요. 아무리 낯선 손님일지라도 행복하게 잘살라고 하는데 싫어할 사람이 어디 있겠어요.

좁은 공간에 갇혀, 내내 자동차 매연을 마시면서 기계처럼 바쁘게 돈을 주고받는 그분들을 만날 때마다 고마운 마음이 들어요. 힘든 일이지만 누군가 해야 할 일을 하고 있으니까요.

우리가 항상 친절할 수는 없지만 항상 친절하게 말할 수는 있어요. 시간과 돈을 들이지 않고 만나는 사람마다 기쁨을 줄 수 있는 인사는 어릴 적부터 몸에 배어 있어야 하지 않겠어요. "인사는 값이 없지만 모든 것을 살 수 있다."고 하니까요.

■ 밥 먹듯 질서를 지켜 봐요

합천 황매산 골짝에서 농사를 짓고 사는 정상평이라는 친한 동무가 있어요. 그이는 버스나 지하철을 탈 때, 다른 이들 다 타고 나면 맨 뒤에 탄대요. 여태 그렇게 살았는데 버스나 지하철을 놓친 적이 거의 없대요. 가끔 놓친 적이 있어도 지금까지 살아가는 데 아무런 지장을 주지 않았다고 해요. 남을 밀치고 일찍 탄다고 상을 주는 것도 아닌데, 사람들은 왜 그리 바쁘게 설쳐 대는지 모르겠다고 해요.

"바늘 허리에 매어 쓰지 못한다."는 말이 있지요? 버스, 택시, 지하철 들을 탈 때 바쁘더라도 질서를 잘 지켜야 서로 편하지요. 버스나 지하철은 남보다 조금 먼저 타면 편안하게 앉아 갈 수 있겠지만, 내가 편안하게 앉아 갈 때 꼭 앉아야 할 사람이 서서 갈 수 있다는 것을 아이들에게 일러 주세요. 내가 편안하다고 말할 수 있을 때는 내가 편안한 만큼, 누군가 힘들어하는 사람이 있다는 것을 아이들도 알아야 해요. 그래야 사람을 귀하게 보고 고마운 마음으로 살 수 있겠지요.

질서를 지키는 일은 날마다 밥을 먹듯이 몸에 배어 있어야 해요. 바른 질서는 시간을 배로 늘려 주니까요.

■ 내 자식이었다면

한 마을에 사는 여학생이 불량배에게 잡혀 산으로 끌려가면서 살려 달라고 살려 달라고 큰 소리를 질렀대요. 그 옆에서 모를 심던 마을 어른들은 불량배에게 보복을 당할까 두려워 들어도 못 들은 척했다고 해요. 결국 여학생은 산에 끌려가 못된 짓을 당하고 말았어요. 오늘 아침 신문에 나온 이야기예요.

도시 사람들 마음만 메마른 줄 알았는데 요즘은 농촌 사람 마음도 다를 게 없다는 생각을 하니 눈앞이 캄캄해지더군요. 아무리 눈 뜨고 있어도 코 베어 갈 세상이라지만 내 자식이었다면 어떻게 했을까요? 들어도 못 들은 척하고 모를 심고 있었을까요? 내가 낳아서 기른 자식만 귀하고 남의 자식은 어떻게 돼도 된다는 말인지, 아무리 이해하려고 해도 이해가 안 되는군요.

세상이 미치지 않고서야 어디 벌건 대낮에 이런 일이 벌어진단 말인가요? 아무리 못나고 미운 자식이라도 제 자식이라면 그대로 내버려 두지는 않았을 텐데, 가슴이 미어지는군요.

■ 장애인도 우리 이웃이에요

어릴 적에 소아마비에 걸려 두 다리를 못 쓰는 현우 꿈은 큰 집을 사거나 돈을 모으는 것이 아니라 제 손으로 창문을 여는 것이에요. 교통 사고로 오른팔을 못 쓰는 수진이 꿈은 농구공을 잡아 보는 것이고, 중풍으로 누워 계신 진수 할머니 꿈은 손수 김치를 담아서 먹어 보는 것이고, 기계에 손가락을 잘린 우식이 아재 꿈은 하루에 한 번씩 이를 닦는 것이고, 교통 사고로 두 다리를 잃은 덕산댁 아주머니 마지막 꿈은 일하고 돌아온 남편 밥상 한 번 차려 주는 것이에요.

사람들은 제 몸이 건강할 때는 하루하루 일어나는 작은 일들이 얼마나 소중하고 아름다운지 모르고 살지요. 모자람 없이 행복하게 살면서도 행복을 느끼지 못하고 사는 까닭은 마음 속에 들어 있는 몹쓸 욕심과 어리석음 때문이 아닐까요?

살아가다 보면 누가 언제 사고를 당할지 아무도 모르지요. 사람들이 어떠한 처지에서도 기쁘고 행복하게 살 수 있다면 좋겠지만 말처럼 쉬운 일이 아니에요. 그래서 "행복의 참 비결은 오늘을 사는 것, 언제까지고 과거를 후회하거나 미래를 생각하며 괴로워하지 말고 이 순간 가장 큰 기쁨을 찾는 것"이라고 하지요.

장애인들은 우리 이웃이에요. 멀리 내다보지 말고 가까운 이웃 가운데 장애인은 없는지 살펴보시고, 아무리 작은 일이라도 함께 나누면 좋겠어요. 장애인이 불쌍하거나 특별한 사람이 아니라, 우리와 똑같은 사람이라는 것을 아이들이 느낄 수 있도록 해야지요.

몸은 불편하지만 영혼이 맑고 순수한 장애인들이 우리 곁에는 많이 있어요. 그분들과 이야기를 나누다 보면, 몸만 멀쩡하지 마음은 이미 병들어서 허우적거리는 내 모습이 훤히 보여요.

조금이라도 장애인들의 아픔을 함께 나누기 위해서는 아이들과 몇 시간이라도 아니면 몇 분이라도 눈을 가려 보고, 한쪽 다리로 걸어 보고, 한쪽 손으로 머리를 감아 보면 어떨까요? 아무리 어려운 처지에 있다 하더라도 몸이 건강하다는 것만으로도 얼마나 큰 축복인지, 얼마나 해야 할 일이 많은지, 온몸으로 느끼게 되리라 믿어요.

■ 시장 사람들을 만나면

나는 젊은 시절부터 스스로 마음을 다스리기 힘든 일이 생기면, 혼자서 시장을 한 바퀴 돌다가 오는 버릇이 있어요. 한결같이 열심히 살아가는 시장 사람들을 만나면 없던 힘까지 생겼으니까요. 탑을 쌓듯이 보기 좋게 딸기를 쌓는 아주머니, 늘 같은 자리에서 생선을 파는 할머니, 정리 해고되어 붕어빵 굽는다는 젊은이를 만날 수 있는 시장에 가면 산만 한 내 고민 덩어리가 깃털처럼 가벼워졌어요.

그러나 내 삶을 이끌어 주던 시장이 날이 갈수록 밝지가 않아 가슴이 아프답니다. 여기저기서 죽순처럼 돋아나는 큰 가게들 때문이지요. 백화점에서 선착순 백 명에게 이불을 공짜로 준다고 하면 가게 문 열기 두세 시간 전부터 수백 명이 줄을 서서 기다리고, 할인 매장에서 라면이나 과자 싸게 판다고 하면 자가용까지 몰고 떼를 지어 다니는 세상으로 바뀌었어요.

큰 가게에 가면 물건 골라 가면서 살 수 있고, 외식도 하고, 영화도 보고, 책도 사고, 여러 가지 눈요기할 것도 있으니 참 편리한 세상이지요. 그 덕에(?) 마을 가까이 있던 책방도, 구멍가게도, 이불가게도 모두 문을 닫아 버렸어요. 날이 갈수록 '마을 공동체' 가 무너지고 우리 자신도 모르게 편리함에 젖어, 사람 사이에서 느끼는 따뜻한 마음까지 다 빼앗겨 버렸어요.

나는 아내와 아이들에게 특별한 것이 아니면 무엇이든지 마을 시장에서 사자고 한답니다. 작은 마을 공동체가 살아야 나이든 분들도 일을 할 수 있고, 빈부 격차도 줄일 수 있고, 쓸데없는 낭비를 줄일 수 있고, 걸어서 다닐 수 있으니 환경을 살릴 수 있고, 이웃들과 정을 주고받을 수 있으니까요.

시장 갈 때는 아이들도 꼭 데리고 가세요. 시장 사람들을 만나면서 아이들의 마음도 자랄 테니까요.

■ 후원금 내기도 쉬워졌는데

우리 지역에서 숱한 활동을 하고 있는 '희망 연대'라는 시민 단체가 있어요. 회원들이 낸 회비와 후원금만으로 이끌어 가는 깨끗한 단체지요. 정치, 교육, 문화, 역사 문제들까지 잘못된 것을 바로잡기 위해 애쓰는 단체로 소문이 나 있어요. 그래서 후원금을 내기로 마음먹었어요. 한 달에 만 원을 내기로 하고 신청을 했더니 통장에서 저절로 빠져 나가더군요. 참, 세상 좋아졌어요. 은행 안 가고도 손쉽게 내가 바라는 단체에 달마다 후원을 할 수 있으니까요.

어느 날, 내가 기쁘고 놀란 것은 같은 일터에서 일하고 있는 허우칠 아우도 희망 연대 회원이라는 사실을 알았을 때였어요. 가입하게 된 동기는 다를지 몰라도 같은 일터에 일하면서 같은 단체에 후원을 한다고 생각하니 반갑고 고마운 느낌마저 들더군요.

땀 흘리며 번 귀한 돈은 남을 위해서도 써야 해요. 사람은 알게 모르게 남의 도움을 받지 않고는 살아갈 수 없는 존재니까요. 그래서 이웃과 사회를 생각하면서 고마운 마음으로 살아야 해요. 내가 베푼 작은 사랑이 모여 세상을 밝힐 수 있다면 밥 먹지 않아도 배가 부르지 않겠어요? 아이들도 아버지를 존경하는 마음이 저절로 생기겠지요.

한 달 수입 가운데 하루 정도 수입은 하늘에 맡긴다는 마음으로 사회 운동 단체(농민 단체, 환경 운동 단체, 사회 복지 단체, 종교 단체, 전태일 기념 사업회 들) 후원금으로 내면 좋겠어요. 옛날처럼 일일이 은행 찾아가서 내지 않아도 요즘은 신청만 하면 정한 액수만큼 통장에서 저절로 빠져 나가기 때문에 착한 일을 하기도 쉬워졌어요. 하루 정도 번 돈, 있어도 살고 없어도 살지 않겠어요? 작은 냇물이 모여서 큰 강이 되고, 바다가 된대요.

　자기와 자기 식구들밖에 모르는 사람들은 다른 사람들한테 무거운 짐만 되고, 죽어서도 싸늘한 기운만 남긴다고 하니 망설이지 마시고 신청해 보세요.

■ 축구공을 만드는 파키스탄 어린이들

큰 백화점이나 가게에 진열해 놓은 옷, 신발, 축구공, 장남감 따위를 어디서 누가 만들었는지 생각해 보셨나요? 돈만 주면 누구나 쉽게 살 수 있는 이런 물건을 누가 만들었을까요? 가난한 나라 어린이들이 지금도 어른들의 감시와 폭행에 시달려, 병이 들고 때론 죽어 가면서 만들고 있다는 사실을 알고 계시나요?

파키스탄은 전세계에서 쓰는 축구공 가운데 70퍼센트를 생산하고 있어요. 그런데 축구공을 만드는 사람들이 거의 어린이들이랍니다. 다섯 살짜리부터 열 몇 살밖에 안 되는 어린이들이 하루 종일 쪼그리고 앉아서 바느질을 하면 하루에 1~3개 만든대요. 하루 내내 축구공을 만들어도 하루 먹을 빵 값조차 마련하기 어려워, 지문까지 닳아 없어질 정도로 고된 일에 시달리고 있대요. 내 자식 같은 아이들의 피와 눈물이 밴 물건을 입고 신고 다닐 때마다 마음이 아프지 않을 사람이 어디 있겠어요.

우리 나라 아이들은 이런 사실을 잘 모르고 있지요. 그래서 꼭 알려야 한다고 생각해요. 세계는 하나라고 외치는 시대에 함께 숨을 쉬고 살면서 알 것은 마땅히 알아야지요. 알아야만 미안하고 고마운 마음으로 살 테니까요.

■ 밸런타인데이와 장미 농장 노동자

해마다 2월 14일이 되면 많은 이들이 초콜릿을 건네며 사랑을 고백하는 밸런타인데이는 결코 기뻐할 수 없는 날이에요. 외국 문화에 우리 아이들이 생각도 없이 빠져들고 있어요. 화려하게 포장된 초콜릿과 사탕이 아이들 마음을 빼앗아 가고, 물건 값보다 포장지 값이 더 비싸다고 하니 어처구니가 없어요.

어찌 밸런타인데이뿐이겠어요? 빼빼로 데이, 링 데이, 화이트 데이, 3월 3일 삼겹살 데이까지 있다고 하니 할 말이 없어요. 장사꾼들한테 속아서 생각도 없이 놀아나는 어른들이나 아이들이 참 불쌍하다는 느낌마저 들어요.

〈뉴욕 타임스〉는 밸런타인데이의 화려한 장미 축제 뒤에 드리워져 있는, 에콰도르 장미 농장 노동자들의 아픔을 소개했답니다. 5만 명이 넘는 노동자들이 화려한 장미꽃을 피우기 위해 농약에 시달려 병든 몸으로 일을 하고 있대요. 그것도 70퍼센트 이상이 여성이라니 더욱 안타깝지요. 여성들은 장미꽃을 피우기 위해 때론 유산이 되기도 하고, 죽지 못해서 일을 한다고 해요. 월급은 고작 한 달에 120달러(14만 원)쯤 된대요.

"세계는 하나다."고 말하지만 세계는 잘살고 힘있는 나라 것이지요. 아이들이 세상을 바르게 보고 판단하고 행동할 수 있도록 이 정도쯤은 가르쳐 주어야 하지 않겠어요? 화려한 장미꽃 뒤에는 가시가 있다고. 에콰도르에 사는 아이들이 그 가시에 찔려 지금도 피를 흘리고 있다고.

■ 철학? 밥 빌어먹기 딱 좋다

큰아들 영교가 철학을 공부하겠다고 하니 만나는 사람들마다 한마디씩 해요.

"야야, 철학 공부해서 어데 취직하노? 좋은 데 취직도 못 하는 공부는 밥 빌어먹기 딱 좋다."

"돈도 안 되는 철학 따위를 공부하는 사람한테 누가 시집이나 온대? 잘 생각해 봐라. 사람이 우찌 제 하고 싶은 대로 다 하고 사노. 우선 밥벌이할 것부터 생각해야제."

"직업에는 귀천이 없다."는 말이 있지요. 이 말은 모르는 사람이 없을 정도로 잘 알려진 말이에요. 그러나 이 세상 속물들은 귀하고 천한 것을 분명하게 나누지요. 보기를 들면 박사, 의사, 변호사, 판사, 검사, 성직자 따위는 귀한 직업이고, 농부와 노동자 따위는 천한 직업으로 생각하고 있어요.

더 큰 문제는 많은 사람들이 스스로 그렇게 생각하고 산다는 것이지요. 노동자인 아버지는 자식들에게 노동자가 되라고 하지 않아요. 농부인 아버지는 자식들에게 농부가 되라고 하지 않아요. 이렇게 된 까닭은 아무리 땀 흘려 일해도 일한 만큼의 대가가 주어지지 않기 때문이지요. 그래서 이 시대 부모들은 몸을 팔아서라도 공부를 가르치고, 아이들은 목을 매달고 공부를 하는 것이지요.

오직 일류 대학 졸업해서, 좋은 직장 얻고, 도움이 될 만한 짝을 만나서 넉넉하고 안정된 삶을 누리는 것이 꿈이지요. 그리고 부모, 형제, 이웃, 동무 들도 소중하지만 우선 '내가' 잘 먹고 잘살아야 한다고 생각해요. 가만히 살펴보면 내가 잘 먹고 잘살아야 한다는 말은 사람을 죽이는 무서운 말이에요. 왜냐면 내가 잘 먹고 잘살려면 가난하고 병든 이웃을 모른 체해야 하고, 어질고 착한 사람들을 속이고 짓밟지 않으면 이룰 수 없는 꿈이기 때문이지요.

지금 이 시대는 훌륭한 의사가 없어서 환자들이 자꾸 늘어나는 것도 아니고, 비싸고 멋진 교회 건물이나 성직자, 수도자 들이 없어서 세상이 썩어 가는 것은 더욱 아니에요. 청소년 91퍼센트가 우리 사회가 썩었다고 생각하는 까닭은 어른들의 삶이 썩었기 때문이지요.

"나를 구할 수 있는 큰 힘도 나 자신 속에 있으며, 나를 타락으로 이끄는 나쁜 칼날도 나 자신 속에 있다. 결국 나 자신이 어떻게 하느냐에 따라서 사람의 운명이 결정된다."고 해요. 자, 이제 잃어버린 나를 찾으러 갈 때가 왔어요.

■ 일하면서 얻는 기쁨

"무엇이 사람에게 필요합니까? 음식과 옷, 집, 이 세 가지가 사람이 살아가는 데 기본입니다. 그런데 얼마나 많은 학교가 우리에게, 우리 아이들에게 어떻게 식물을 키우는지, 음식을 어떻게 요리하는지, 음식의 영양 가치가 무엇인지 가르쳐 줍니까? 없습니다. 있어도 아주 적습니다. 그것도 구석진 곳 어디에(가정학인가 뭔가 하는 곳에) 조그맣고 특별한 것으로 끼여 있습니다. 그러나 기본적인 배움으로서 우리는 음식에 대해 아는 바가 없습니다. 음식이 없으면 우리는 살아갈 수가 없습니다. 음식은 우리 건강에 기본이 되는 것인데, 그런데도 우리 아이들은 음식에 대해 아무것도 모릅니다."

위 글은 인도 출신의 생태 운동가이자 교육자인 사티시 쿠마르가 쓴 글이에요. 우리가 아이들에게 무엇을 가르쳐야 할지 생각하게 하는 글이지요.

이 땅의 아이들은 대부분 속옷 한 번 제 손으로 빨아 입지 못하고, 신발 한 번 제 손으로 씻어서 신지 못하고, 콩나물국 한 번 제 손으로 끓여 먹을 줄 모르면서 초등 학교를 거쳐 중학생이 되고 고등 학생이 되고 대학생이 되었어요.

농촌 아이들이야 따라다니는 게 일이지만 도시 아이들은 땀 흘려 일하지 않아요. "공부를 잘 해야 편하게 살 수 있다."고 공부만 가르치는 어른들 때문에 일의 소중함과 기쁨을 모르고 자라서, 낡고 고장난 기계와 다를 게 없을 만큼 영혼이 메말라 있어요.

사람은 공부하려고 태어난 것이 아니라 일하기 위해서 태어난 것이지요. 공부하기 위해서 일하는 것이 아니라, 일하기 위해서 공부해야 하는 것이지요. 이 세상에서 가장 큰 기쁨은 일하면서 얻는 것이니까요.

■ 잡초는 없다

"일터에서 땀 흘려 일하면서 삶의 보람을 찾으려는 마음가짐이 되어 있을 때 비로소 참 공부는 시작된다고 본다. 이 말은 농사꾼으로 살아온 지난 한 해 동안 내가 배운 것이, 교수로서 15년 동안 책상 앞에 앉아 책에서 얻은 것보다 훨씬 더 많음을 느끼기에 스스럼없이 하는 말이다."

"농사일을 배우면서 적어도 나는 쓸모 없는 지식을 배우지 않는다. 벼락치기로 밤샘을 하여 달달 외웠다가 시험이 끝나면 온데간데없이 머리에서 사라지고 마는 그런 공부는 하지 않는다. 내가 배워 익히는 것은 모두 내 삶에 소중한 것들뿐이다. 논과 밭에서 저절로 자라는 풀들이 모두 잡초가 아니라는 것도 여기 와서 깨우쳤다."

위 글은 농사꾼이 된 철학 교수와 실험 학교 터를 일구는 사람들의 이야기 《잡초는 없다》에서 옮긴 글이에요.
좋은 책을 읽고 나면 '아, 이 책은 누구누구에게 주면 진짜 도움이 되겠구나.' 하는 생각이 들지요. 이 책도 읽고 나면 그런 생각이 들 거예요. 읽다가 가슴에 와 닿는 이야기는 복사해서 동료들과 함께 읽고, 생각을 나누다 보면 '사람의 길' 이 보인답니다.

■ 시를 쓰게 해 준 동무

1980년대, 돈과 권력에 빠진 나쁜 대통령과 졸개들이 그 자리를 빼앗기지 않기 위해 온갖 더러운 짓을 다 하며 바둥거릴 때였어요. 함께 청년회 활동을 하던 동무가 내게 한 마디 물어 보지도 않고 노동 문학 교실 신청서에 내 이름을 적어서 냈다더군요. 수강료까지 다 냈으니 그냥 몸만 가서 듣고 느끼고 배우면 된다고 하면서요.
내가 시를 쓰게 된 까닭은 그 동무 때문이었어요. 동무를 만나기 전까지는 시를 쓸 생각조차 하지 않았고 시를 읽지도 않았어요. 시를 쓴다는 게 무슨 자랑거리가 되는 것은 아니지만, 시를 쓰면서 내 삶을 뒤돌아보게 되었고, 세상을 보는 눈도 넓힐 수 있었으며, 가난하게 살아도 행복하게 살 수 있는 슬기를 배웠으니 참 고마운 일이지요.

그 때 동무 마음은 꽃보다 아름다웠어요. 꽃보다 아름다운 사람이라야 다른 사람의 좋은 점을 발견할 수 있으니까요. 이 땅의 아버지들도 꽃보다 아름다웠으면 좋겠어요. 꽃보다 아름다운 아버지가 되어야만 아이들을 꽃보다 아름답게 자랄 수 있도록 지켜 줄 수 있으니까요.

아이들이 무엇을 하고 싶은지, 어떤 소질이 있는지 눈여겨보아 주세요. 어떤 일이든 자기가 좋아서 하는 일은 돈이나 명예 따위와 상관없이 행복할 수 있답니다.

■ 강한순 할머니가 쓴 편지

"무뚝뚝한 당신에게.
여름에 비가 많이 와서 수해를 겪은 아픔들이 다 가시기 전에 벌써 가을이 문틈으로 다가와 버렸습니다. 언제나 가을이 되면 한 해를 뒤돌아보며 후회만 남습니다. 아파트 정원에 코스모스와 국화를 볼 때마다 옛날 생각들이 문득 지나가곤 합니다.
내가 이렇게 펜을 들고 영감님에게 글을 쓰게 된 것이 처음일 것입니다. 글을 배우기 위한 욕심에 당신에게 조금은 소홀해졌던 것 같습니다. 처음에 글 배운다고 늙어서 글 배워 무얼할 것이냐고 핀잔과 눈총을 한없이 받기도 했습니다만 지금은 떳떳하게 내 생각과 마음을 남에게 글로서 전하는 것이 얼마나 기쁨이 되는지 당신은 모를 것입니다.
다 늙어 쓸모가 없는 인간이 되기보다는 남들에게 조금은 내 표현을 할 수 있을 때 후회 없는 인생을 살지 않나 쉽습니다. 끝으로 영감님에게 몸 건강 바랍니다."

위 글은 경상 남도와 흥사단이 주관하는 비정규 학교 문예 행사에서 금상을 받았어요. 사랑방에 나오시던 강한순 할머니가 한글을 배워서 처음으로 남편에게 편지를 쓴 것이지요.
띄어쓰기와 맞춤법이 조금 틀리면 어떻습니까? 이렇게 솔직한 마음을 나타낼 수 있다는 것은 용기 있고 자랑스런 일이지요. 배우는 데는 나이가 없어요. "배우는 것을 즐거움으로 여기는 사람은, 거기 마음을 빼앗겨 아무것에도 꾀임을 당하지 않는다."고 하더군요. 더구나 '삶을 가꾸는 글쓰기'는 돈 한 푼 들지 않으면서 큰 기쁨과 행복을 안겨 주니까요.
글쓰기는 아이들만 하는 것이 아니라 어른들도 해야지요. 일기를 쓰든 편지를 쓰든 하고 싶은 이야기를 풀어 놓아야 해요. 아무에게도 말하지 못하고 가슴속에 지니고 살아온 슬픔과 분노를 풀어 놓아야만 행복하게 살 수 있지 않겠어요. 내가 행복해야 나를 만나는 사람들에게 행복을 줄 수 있으니까요.

■ 어리석은 희망

로또 복권 판매량이 늘어나면서 1등 당첨 예상금이 7백억 원대에 이를 것이라고 해요. 당첨 예상액이 이처럼 불어나면서 인터넷에서는 갖가지 복권 관련 안내 사이트가 봇물처럼 쏟아져 나오고 있대요. 하루에 복권이 2백억 원어치가 팔린다니, 너무 놀라서 입이 다물어지지 않더군요.

　주택 복권처럼 집 없는 사람이 당첨되어 집 한 채 살 수 있는 돈이라면 옳고 그름을 따지지 않더라도 이해할 수 있겠다 싶지만, 당첨금이 몇백억 원이라면 사회에 이로움보다는 해로움을 줄 것이라는 생각이 들었어요.

　땀 흘려 일하면서 정직하게 살라고, 성실하게 살라고, 틈만 나면 아이들에게 말하던 어른들은 무슨 염치로 아이들 앞에 얼굴을 들고 다닐 수 있을까? 신문이나 텔레비전에서 복권이 어쩌고저쩌고 떠들어 댈 때마다, 나는 아이들 볼낯이 없더군요. 얼마나 부끄러운지 며칠 동안 할 말을 잃고 지냈어요.

　어떤 천주교 신부가 크리스마스날에 가난한 이웃에게 나누어 줄 기금을 마련하려고 거리에 나섰다고 해요. 어떤 신사가 복권에 당첨된 돈이라고 백억 원을 내밀면서 좋은 곳에 써 달라고 했다더군요. 그런데 신부는 "신사 양반, 이런 돈은 받을 수가 없어요. 아무리 우리가 가진 게 없고 굶주린다 해도, 땀 흘리지 않고 번 이 따위 돈은 필요 없으니 가져가시오." 하고 거절했대요. 결과보다는 과정을 중요하게 여긴다는 말이겠지요. 아무리 돈이 많아도 그 돈이 그릇된 곳에서 나오거나 너무 쉽게 번 돈이라면 해로움만 끼칠 게 뻔하니까요.

　인간은 지나친 탐욕에서 걱정이 생기고 두려움이 생긴다고 하니, 복권 따위에 마음을 빼앗겨서는 안 되겠지요. 아버지들이 모범을 보여야 사회가 올바른 길로 나아갈 수 있으니까요.

■ 비난을 두려워하지 말고

우리 주위에는 착한 일을 하고도 비난을 받는 사람들이 있고, 나쁜 짓을 하고도 칭찬을 받는 사람들이 가끔 있어요. 그리고 사람을 사랑하기 위해서 칭찬하는 사람들도 있고, 사람을 이용하기 위해서 칭찬하는 사람들도 있어요.

그러니 칭찬과 비난에 대해서 아이들이 들뜨거나 두려워하지 않도록 가르쳐야 해요. 더구나 비난이란 누구나 겪을 수 있다는 것을 몇 번이고 말해 주어야 해요. 하찮은 비난에도 마음을 다스리지 못하고 학업을 포기하거나 자살하는 아이들이 늘어나고 있으니까요.

나는 가끔 모든 사람에게 존경을 받을 필요도 없지만, 모든 사람에게 존경을 받아서도 안 된다는 생각이 들 때가 있더군요. 왜냐면 똑같은 글을 읽고도 가난한 사람들은 속이 시원하다면서 좋아하고, 부자들은 아주 싫어하는 것을 자주 보았으니까요. 그래서 누가 칭찬을 하고 누가 비난을 하는지에 따라 마음을 잘 다스려야 한다는 것을 알았어요. 아이들이 잘못도 없이 비난을 받더라도 잘 참고 견딜 수 있도록 여러 가지 경험을 들려주세요.

많은 사람들이 나를 비난한다 해도 화를 내어서는 안 돼요. 비난 속에 어떤 근거가 있나 없나를 잘 생각해 보고 스스로 마음을 다스려야 하니까요. 영화 감독 배창호 씨는 "삶에서 정말 무서운 것은 비난이 아니라 칭찬"이라고 말했어요. 비난과 칭찬, 스스로 받아들일 준비가 되어 있어야 '사람의 길'을 찾을 수 있어요.

■ **말로 싸워야 한다**

　텔레비전에서 밤낮을 가리지 않고 서로 총을 쏘고 폭탄을 퍼붓는 장면이 며칠째 이어졌어요. "아버지, 미국 사람들은 왜 남의 나라에 들어가서 전쟁을 일으키지요? 그냥 자기 나라에서 살면 될 건데." 하고 묻는 아이를 바라보면서 아비인 나는 할 말을 잃고 말았어요.
　미국이 제 나라 이익을 위해서 이라크를 침략하여 애써 지은 건물을 부수고, 사람들을 마구 죽이는 모습을 보고 억장이 무너졌어요. 사람의 탈을 쓰고 어찌 저런 짓을 할 수 있을까요? 건물을 부수고 사람들을 죽여서 얻는 것이 무엇일까요? 말로 해서 제 욕심을 채우지 못하니까 짐승들처럼 힘으로 몰아붙이는구나 싶더군요. 그래도 짐승들은 제 배를 채우고 나면 더는 욕심을 부리지 않아요. 그런데 만물의 영장이라고 떠벌리는 사람들은 욕심으로 가득 차 있으니 사람을 속이고 죽일 수밖에 없는 것이지요.
　아이들이나 어른들이나 살아가다 보면 누구나 싸울 일이 생긴답니다. 그러나 큰 일이든 작은 일이든 말로 싸워야 해요. 말로 싸우다 보면 서로 다른 생각을 이해하게 될 것이고 받아들이게 될 테니까요. 서로 물어뜯고 상처를 주는 싸움은 짐승들이 하는 짓이란 것을 아이들에게 꼭 가르쳐 주어야 해요.

■ **자동차만 보면**

　막내녀석이 학교 앞에서 한 번, 시장에서 한 번, 두 번씩이나 교통 사고를 당했어요. 다행히 하늘이 도왔는지 크게 다친 데는 없지만, 온 식구가 얼마나 놀랐는지 지금도 자동차만 보면 가슴이 콩닥거려요. 그 사고 뒤로 여든 살 된 할머니가 예순 살 된 딸에게 맨날 "얘야, 차 조심해라." 한다는 말이 장난삼아 들리지 않았어요.

경찰청이 발간한 《경찰백서》에 따르면 2001년 한 해 동안 교통 사고로 죽은 사람은 8,097명이고 다친 사람은 38만 6,539명이라고 해요. 말이 쉬워서 죽은 사람이 8,097명이지, 손가락으로 천천히 헤아려 보세요. 얼마나 끔찍한 일이 이 땅에서 일어나고 있는지. 거의가 안전 운전을 하지 않아서 일어나는 사고라고 하니 더욱 할 말이 없어요. 술 마시고 운전하다가 사고를 일으킨 것도 2만 4,994건이고, 뺑소니 교통 사고도 1만 9,367건이라고 해요.

교통 사고는 아이들이 일으킨 사고가 아니지요. 어른들이 잘못하여 부모 형제가 죽고 아이들이 죽고 이웃들이 죽어 갔어요. 현대 사회는 온통 '죽음의 문명' 이 판을 치고 있어요. 사람들은 빠른 만큼 바빠지고, 편안한 만큼 불안하고, 만나는 사람은 많은데 가슴은 더 허전해진다고 해요. 이럴 때일수록 무슨 일이든 천천히, 조금 더 천천히 가야 하지 않을까요?

■ 돈을 깨끗이 쓰는 것만으로도

은행에 갔더니 "돈을 깨끗이 씁시다." 하는 안내장이 있더군요. '그렇지, 이 안내장을 두세 장 집에 가져가서 아이들과 이야기를 나누어야겠구나.' 싶더군요. 그 날 저녁, 아이들에게 이 안내문을 보여 주면서 왜 돈을 지갑 속에 넣어야 하는지 이야기했습니다.

"아버지, 우리는 아버지가 초등 학교 1학년 때 사 준 지갑에 돈 잘 넣어서 다니는데요."

나는 속으로 참 기뻤어요. 오래 된 지갑을 잃어버리지 않고 소중하게 지니고 있으니 고마운 마음까지 들더군요.

한 해 동안 닳고 찢어지고 더러워져서 못 쓰게 되는 돈은 8억 장이고, 5톤 트럭으로 160대나 된대요. 그래서 한국 은행에서 새 돈을 만드는 데 해마다 천억 원이나 쓰고 있대요. 말이 쉬워서 천억 원이지, 이 돈이면 병들고 굶주린 사람 수십만 명을 살릴 수 있지 않겠어요? 이렇게 소중한 돈을 꼬깃꼬깃 접어서 쓰거나 낙서를 하면 안 되겠지요. 돈은 지갑에 넣어서 소중하게 다루어야 해요.

우리 나라 돈은 100퍼센트 면섬유로 만든대요. 그래서 세계 여러 나라 돈과 견주어도 품질이 아주 좋대요.

종이 돈만이 아니라 동전도 그래요. 가끔 방을 쓸거나 닦다 보면 10원짜리, 50원짜리 동전이 나올 때가 있어요. 지금까지 한국 은행에서 동전만 125억 개를 만들었고 해마다 동전 만드는 데 3백억 원이나 들어간다고 해요.

지금부터 집 안 구석구석에 동전이 있는지 없는지 잘 살펴볼까요. 이 작은 실천 하나가 얼마나 큰 일을 할 수 있는지, 생각만 해도 가슴이 뿌듯하네요.

돈을 깨끗이 쓰는 것만으로도 어려운 나라 경제를 살리는 일이에요.

"
아버지가 시를 쓰는 까닭은 삶을 가꾸기 위해서란다.
마음이 흔들릴 때마다 '정직하게 살아야지. 어릴 적
착한 마음을 잃어버리지 말아야지.' 생각하면서 시를 쓴단다.
욕심인 줄 알지만 아버지는 사람의 마음을
움직이는 시를 쓰고 싶어. 너도 친구들의 마음을
움직이는 시를 써 보면 좋겠구나.
아버지가 쓴 시랑 네가 쓴 시랑 나눠 읽기도 하고
서로 고치고 다듬고 마음을 나누다 보면
좋은 시를 쓸 수 있겠지.
"

■ 아들에게 미리 쓰는 유서

 아들아, 울산 현대 중공업에서 일하던 박상팔이라는 노동 형제가 있었어. 그분은 2003년 2월 4일에 돌아가셨어. 그분은 살았을 적에 벌써 "내가 죽거든 장기를 다른 환자들에게 기증하겠다."고 유언을 해 두었대. 그분은 살았을 적에 술을 마시지 않았고 담배도 피우지 않았대. 그래서 죽어서도 깨끗한 장기를 환자들에게 주고 떠날 수 있었단다. 살아서는 이웃을 위해 위험하고 힘겨운 공장에서 일하다가, 죽어서도 이웃을 위해 깨끗한 장기를 모두 물려주고 갔으니 얼마나 아름다운 일이니?

 아들아, 이 아비도 이제부터 내 몸을 잘 지켜야겠다는 생각이 드는구나. 늘 바쁘다는 핑계로 이웃을 모르고 살아왔으니, 죽어서라도 산 사람에게 도움이 될 게 있다면 다 주고 떠나야 하지 않겠니? 이 아비가 갑자기 무슨 사고나 병으로 죽거든 쓸 만한 모든 장기를 꼭 필요한 환자에게 나누어 주도록 하거라. 너도 이 아비에게 유언을 해 두면 좋겠구나. 사람 일이란 언제 어떻게 될지 누가 알겠니? 대구 지하철 방화 사건이나 전쟁 미치광이 미국 대통령 부시만 보더라도 말이다.

 언제 어디서 무슨 일이 일어날지 아무도 몰라. 그러니 미리미리 유언을 해 두는 거지. 먹고살기 바빠서 아름답게 살지는 못했지만 아름답게 죽어야 하지 않겠니?

 "지난 12월 31일 경북대 병원에서 악성 뇌종양으로 숨진 아홉 살 정수환 어린이는 자기가 죽으면 자기 몸을 '불쌍한 사람들에게 선물을 해 달라.'고 유언을 했습니다. 그래서 같은 병실에 입원했던 세 살배기 어린이에게 신장을 주고 나머지 장기도 다섯 명의 어린이에게 이식돼 꺼져 가는 생명을 살리게 되었습니다."

아들아, 이런 신문 기사 본 적 있지? 어떤 나라 사람들은 운전 면허증 뒤쪽에 유서를 써 둔다고 하더라. 우리도 언제 어디서 죽을지 아무도 모르는 일이니 미리 유서 한 장쯤 써 두는 게 어떨까?

식구들이 유서를 다 쓰면 고이 접어서 유서함에 잘 간직해 두면 좋겠어. 세상 욕심에 정신이 빠질 때마다 유서함을 바라보면서 생각을 바로잡을 수 있다면 큰 힘이 되지 않겠니? 아버지가 미리 써 둔 유서 한번 볼래?

"내가 죽게 되거들랑 가난 때문에 병든 이웃들에게 심장, 간, 폐, 신장, 췌장, 피부, 안구, 그 밖에 나눠 줄 수 있는 것은 아무 조건 없이 나눠 주고 시신은 의학 실험용으로 쓰게 하거라. 마지막 남은 살과 뼈는 태워서 아무도 모르는 산골짝 나무 밑에 묻어도 좋고, 나무가 없는 산에 나무 한 그루 심고 그 둘레에 묻어도 좋다. 내 살과 뼈가 거름이 되어 작은 숲을 이룰 수 있다면 얼마나 좋을까? 그리고 숱한 생명이 깃든 땅에 비석 따위는 절대 세우지 마라. 비석 따위를 세워서 나무가 자랄 땅을 가로채서도 안 되고, 지나다니는 산짐승들의 길을 막아서도 안 된다는 뜻이다. 내가 죽더라도 친척들이나 형제들에게도, 그 어느 누구에게도 알리지 마라. 죽은 사람 찾아올 시간에 남을 위해 착한 일을 더 할 수 있도록. 죽은 사람이 산 사람 귀찮게 하는 것도 죄짓는 일이다. 만일 내가 죽었다는 것을 알고 찾아오는 사람이 있으면 조의금이나 화환 따위는 절대 받지 말고 따뜻한 밥 한 그릇 정성껏 차려 주렴. 나를 아는 사람들은 정말 가난한 사람들뿐이니까. 그리고 내가 살았을 적에 쓰던 물건들 가운데 쓸 만한 것이 있으면 꼭 필요한 사람들한테 모두 나누어 주기 바란다. 누가 '죽음도 삶의 한 부분' 이라고 하더구나. 슬퍼하지 마라. 기쁘게 살다가 몸만 잠시 떠나는 것이니, 즐거운 마음으로 내일 다시 만날 수 있게 되기를 바란다."

■ 네가 자라서 농부가 된다면

영교야, 아버지가 보는 〈농민신문〉에 참 걱정스러운 기사가 실렸더구나. 지난 해 2003년은 국제 연합이 정한 '세계 물의 해' 였지. 그런데 이 지구상에는 12억 명이 마실 물이 없어 고통받고 있으며, 해마다 3백만 명이 오염된 물을 먹고 목숨을 잃는다고 하는구나. 국제 인구 행동 단체도 우리 나라가 영국, 폴란드, 벨기에와 함께 오는 2025년부터는 '물로 고통받는 국가' 가 될 것이라고 밝혔다는구나.

영교야, 지금 우리 나라 생수값이 기름값보다 비싸단다. 세계 이름난 학자들은, 물을 돈 주고 사 먹을 정도로 물이 오염된 나라는 환경을 살릴 가망조차 없는 나라라고 하더구나. 참 무서운 일이지. 우리 나라는 오래 전부터 돈을 주고 물을 사 먹고 있으니 걱정이 태산 같단다.

돈을 주고 물을 사 먹는 사람은 그래도 넉넉한 사람들이지. 나라 살림이 어려워지고 환경이 오염되면 가장 큰 피해를 입는 사람들은 늘 가난한 백성이란다. 아무리 맑은 생수가 있어도 돈이 없으니

사 먹을 수가 없거든. 가난한 사람이든 부자든 물이라도 마음놓고 마실 수 있어야 할 텐데…….

영교야, 물을 살리려면 나무를 많이 심고 농촌을 살려야 한단다. 농촌에 있는 논은 우리 백성에게 양식을 제공해 주고, 가뭄과 홍수를 막아 주고, 흙이 쓸려 가는 것을 막고, 해마다 55억 톤의 물을 땅 속으로 흘려 보내 물을 먹을 수 있게 해 주고, 더러운 물을 깨끗하게 해 주는 일도 한단다.

농촌을 살리는 일은 나라를 살리고 백성을 살리는 일이지. 그런데 아무도 농사를 짓지 않겠다고 하는구나. 하기야 농사지어서 먹고살 수 없으니 누가 농사를 지으려고 하겠냐? 그래도 누군가 하지 않으면 우리 모두 함께 죽을 수밖에 없단다.

영교야, 아버지가 '희망도 없어 보이고 돈도 안 되는' 농사를 짓기도 하고 농민 운동을 하는 까닭을 조금은 이해하리라 믿는다.

네가 자라서 농부가 되기를 바란다면 아비의 지나친 욕심일까?

■ 외상은 안 돼!

영교야, 학교 앞 문방구에서 어린이들에게 외상을 준다는 말을 듣고 깜짝 놀랐단다. 주인이 어른일 텐데 어린이들에게 외상을 주다니……. 그러나 알고 보니 어린이들이 깜박 잊고 준비물 살 돈을 가져오지 못했을 때 준다더구나. 학년, 반, 이름, 전화 번호를 적어 놓고 외상으로 준다고 하니 무척 고맙다는 생각까지 들더구나.

그런데 말이야, 고맙기는 하지만 어린이들이 버릇이 되어 이것저것 쓸데없는 거짓말까지 해 가며 물건을 가져가기도 하고 어떤 어린이는 훔쳐 가기도 한다니, 참 기가 막혀서 말하기조차 싫구나.
 아버지 어릴 때는, 깜박 잊고 수업 준비물을 빠뜨린 날은 물통을 들고 벌을 서기도 하고 종아리를 맞기도 했는데, 지금 생각하면 그 벌도 큰 공부가 되었단다. 외상이라니! 너희들 탓만 할 것은 못 되지만 다시 한 번 생각해 보자꾸나. 영교야, 나무 껍질에 글자를 새기면 나무가 커감에 따라 글자가 커진단다. 나쁜 버릇도 나무에 새긴 글자와 비슷하단다.
 나쁜 버릇을 가진 사람들은 스스로 불행한 길로 뛰어드는 것이지. 사람의 자유를 빼앗는 것은 폭군보다도, 악법보다도, 잘못된 사회의 나쁜 버릇 때문이라고 아버지가 말한다면 너무 지나친 표현일까? 그렇지는 않을 거야. 너도 가끔씩 자신을 살펴보렴. 나도 모르는 사이에 나쁜 버릇이 몸에 배어 있는 것은 아닌지.

■ 승차권 판매소

아들에게 3

서정홍

아들아
동전 주고 버스 타지 말아라.
차표 팔아
남는 이익금으로
살아가는 사람들

어떻게 사는지
생각해 보아라.

영교야, 이 시는 아버지가 쓴 《58년 개띠》 시집에 실려 있는 시란다. 비록 짧은 시지만 아버지가 이 시를 쓰기까지는 참으로 많은 뉘우침과 깨달음이 있었단다. 이 시에 무슨 '대단한' 뜻이 숨어 있는 것은 아니지만 아버지에게는 남다른 뜻이 숨어 있기 때문이지.

참으로 추운 겨울날이었어. 할머니 댁에 가려고 버스를 기다리고 있었단다. 그 날따라 기다리는 버스는 오지 않고 바람에 날리는 찢어진 종이 한 장이 발등에 툭 떨어지더구나. 주워서 읽어 보니 시내 버스표를 파는 분들의 삶이 실려 있었어.

여름이면 따가운 햇살조차 막아 줄 나무 그늘도 없이 하루 내내 좁은 상자에 갇혀 비지땀을 흘리고, 겨울이면 추워서 손발을 비비며 떨고 지낸다는 이야기가 실려 있었단다. 이른 아침부터 늦은 밤까지 앉아만 있으니 무릎이 저리고, 어깨, 허리, 다리 아프지 않은 곳이 없다는 이야기도 있었지. 버스표 한 장을 팔면 4원이 남는데 하루 내내 팔아도 만 원 남짓밖에 벌지 못한다는 이야기도 있었어. 그리고 버스표를 팔고 잔돈을 내줬는데도 받지 않았다고 딱 잡아떼는 사람도 있고 또 버스표 판매소만 털어 가는 도둑도 있다더구나. 벼룩의 간을 내먹을 놈들이지.

영교야, 그 글을 읽고 많은 생각을 하게 되었단다. 정류소 바로 뒤쪽에 버스표 판매소를 두고 아무 생각도 없이 동전을 주고 버스를 탄 아버지의 손이 부끄러웠단다. 일터로 갈 때 날마다 만나는 이웃의 삶을 아버지는 한 번도 눈여겨보지 않았으니 말이야. 그 부끄러운 가슴으로 쓴 시란다. 우리 아이들은 아버지처럼 똑같은 실수를 저지르지 말아 달라고 기도하는 손으로 쓴 시란다.

■ 공부에는 아름다운 목적이 있어야 해

인교야, 부산에서 아름답게 살아가고 있는 노동자가 있단다. 누구냐고? 1990년대 부산 지역에서 가난한 노동자들을 위해 싸우다가 해고가 되기도 하고 감옥까지 가면서도 당당하게 살아온 변영철 씨란다.

그런데 말이야, 그분에게도 고민이 있었단다. 현장에서 일어나는 여러 가지 문제를 제대로 알고 싸워 나가기 위해서는 힘만으로 안 된다고 생각한 거지. 그래서 잠시 노동 현장을 떠나서 서울 신림동 고시촌에 들어가 공부를 했어. 스스로 법률 전문가가 되어 노동 운동을 하자는 결심을 하게 된 거지.

스스로 다짐한 약속을 지키기 위해 공부를 하여, 2000년 사법 시험에 합격하고, 2003년 사법 연수원을 수료한 다음, 2월 15일 법률 사무소를 열었어. 앞으로 노동, 인권, 환경 분야 전문 변호사로 활동하면서 공익 소송에 힘을 쏟을 거라더구나.

인교야, 아버지는 이런 이야기를 들을 때마다 그래도 아직 세상에는 희망이 있다는 생각이 들더구나. 그분이 사법 시험에 떨어져서 변호사가 되지 못했다 하더라도 그렇게 착한 마음을 가진 사람이 가까이 산다는 것만으로도 얼마나 큰 희망이냐?

인교야, 공부를 하는 까닭은 스스로 가난하게 살고 정직하게 살기 위한 '몸부림'이란다. 남들보다 잘 먹고 잘 입고 편안하게 살기 위해서 공부하는 사람은 스스로 인간이기를 포기한 사람이지. 공부를 하는 사람은 어떻게 하면 내가 배운 것을 남에게 나누어 주고, 사회와 나라를 위해서 쓸 수 있을지 고민을 해야 하거든. 공부하지 못한 사람들을 눌러서 잘사는 짓은 사람이 정말 해서는 안 되는 짓이란다. 그래서 공부를 한다는 것은 스스로 가난하게 살기 위한 '아름다운 목적'이 있어야 하는 것이지.

인교야, 아름다운 목적이 없거든 공부하지 말아라. 공부가 너를 망칠 테니까. 차라리 노동자가 되어 공장에서 일을 하거나, 남의 목숨을 살려 주는 농부가 되는 것이 훨씬 인생을 제대로 살 수 있을 거야. 인교야, 네가 어른이 되면 가장 낮은 자리에서, 가난한 사람들과 함께 밥을 나누어 먹고, 함께 일을 하면서 살았으면 좋겠구나. 그래야 '사람 냄새' 맡으면서 '사람 노릇' 하고 살 수 있을 테니 말이다.

■ 지갑 속의 돈, 빚이 되는 돈

인교야, 돈을 벌고 모으는 일도 필요하지만 '어떤 방법으로 벌고 모으느냐' 그것이 더 중요하단다. 그보다 더 중요한 것은 '어떻게 쓰느냐' 하는 것이란다. 돈을 모으기만 한다면 그건 돈이 아니라 아무짝에도 쓸모 없는 종이 조각이란다.

네가 지난 해 설날부터, 군것질하고 싶은 것 참고 돼지 저금통과 은행 통장에 모아 둔 돈을 더해 보니 12만 원이나 되더구나. 너도 놀랐지만 아버지도 놀랐단다. 그 가운데 설날에 세뱃돈으로 받은 것이 반쯤 되지만 말이야.

인교야, 너는 어머니, 아버지가 있으니 셋방이지만 이렇게 따뜻한 방에서 잠을 잘 수 있고 적은 용돈이지만 모을 수도 있지. 그런데 산동네 네 친구 수영이는 부모가 안 계셔서 새벽에 신문 배달해서 번 돈으로 저희들끼리 쌀을 팔아서 밥을 해 먹고 산단다. 참, 아버지보다 네가 더 잘 알고 있는 일이지. 네가 모아 둔 돈을 수영이네와 나누면 어떨까?

한 해 동안 어렵게 모은 돈을 아무런 대가도 없이 주려니까 아깝기도 하겠지만, 수영이와 처지를 바꾸어서 생각해 보렴. 인교야, 은행에 둔 돈이나 지갑 속에 있는 돈은 돈이 아니란다. 그것을 올바르게 썼을 때 돈이 되는 것이란다. 빛이 되는 것이란다.

▪ 부러진 바늘 하나에도

영교야, 오늘은 네 할머니 얘기를 들려주고 싶구나. 아버지가 어렸을 때는 떨어진 옷을 모두 기워 입었단다. 지금은 낡아서 떨어진 옷은 버리고 새 옷을 사 입지만 그 때는 설날이나 한가위 때가 아니면 새 옷을 사 입을 수가 없었거든. 할머니는 늘 방에 앉아 손바느질을 하셨지. 그리고 곁에는 언제나 유리병이 한 개 있었는데 거기에는 부러진 바늘이 많이 들어 있었단다. 바느질하다가 바늘이 부러지면 거기에 넣었으니까, 제법 많이 모였어.

부러진 바늘을 쓰레기통에 버리거나 아무 데나 던져 버리면 될 것을 무엇 때문에 유리병에 넣었다고 생각하니? 아버지도 뒷날 안 일이지만 거기에는 참으로 깊은 뜻이 있었단다. 쓰레기통에 버리거나 밖에 던져 버리면 논밭에서 맨발로 일하다가 돌아오는 사람들이나, 마당에서 아이들이 놀다가 다칠까 봐 그랬다는구나. 옛 어른들은 아이들을 위해 바늘 한 개도 함부로 버리지 않았단다. 말을 앞세우지 않고, 작은 일이라도 말없이 모범을 보이며 살았던 옛 어른들의 마음 씀씀이를 생각하니 가슴이 뭉클하구나.

■ 거울을 자주 보면

인교야, 학교 가기 전에 거울을 보렴. 얼굴은 깨끗이 씻었는지, 밥 먹고 이는 잘 닦았는지, 옷은 바르게 입었는지, 빠뜨린 것은 없는지……. 거울을 보고 생각해 보려무나. 너와 똑같은 사람이 거울 속에서 너를 바라보고 있단다. 얼굴이 잘생긴 만큼 마음도 잘생겨야 한다고. 이 세상에서 너를 가장 잘 알고, 사랑하고 아끼는 사람이 저 거울 속에 있단다. 너도 거울 속에 있는 너를 사랑하렴. 네가 나쁜 마음을 먹으면 거울 속에 있는 네가 누구에게 얻어맞은 것처럼 얼굴을 찡그리고, 착한 마음을 먹으면 거울 속에 있는 네가 상을 받은 얼굴처럼 환해진단다. 나쁜 생각이 들 때마다,

"거울아, 거울아! 내가 착한 생각만 하게 해 다오."
하고 말해 보려무나. 그러면 거울 속에 있는 네가 대답할 거야.
"그래, 언제나 그 마음 변치 마. 나도 변하지 않을 테니."

■ 부끄러운 비밀은

영교야, 저기 창 밖을 보렴. 우리 옆집에 사는 네 친구 수환이가 보이는구나. 저기 봐, 주위를 두리번거리더니 오락실에 들어가잖니. 지금은 속셈 학원 갈 시간인데 말야. 어제도 학원 안 가고 오락실에서 몇 시간 놀다가 제 엄마한테 들켜 혼나더니. 수환이는 아무도 안 보는 줄 알지만 버스 안에서 우리가 다 보고 있잖니.

세상에는 자기만 아는 비밀이 있는 것 같지만 알고 보면 비밀은 없단다. 하늘도 보고 땅도 보고 어느 누군가 다 보고 있을 테니깐. 비밀이란 좋은 곳에 쓰이는 일이 거의 없단다. 그래서 아버지는 비밀이 많은 사람을 별로 좋아하지 않는단다.

사람마다 한두 가지 비밀은 있을 수도 있을 거야. 그러나 그 비밀이 자기 양심에 부끄러움이 없어야 하는 거야. 엄마와 한 약속을 어기고 오락실에 들어가면서 '아무도 모르겠지.' 하고 생각하는 것은 양심에 부끄러운 비밀이란다.

영교야, 사람은 무슨 일이든지 마음을 터놓고 이야기할 친구가 있어야 한단다. 오락실에 가고 싶을 때나, 나쁜 마음이 들 때마다 못 가게 막아 주는 친구가 있으면 더 좋겠지. 아버지가 그 멋진 친구가 되었으면 좋겠구나.

■ 그래, 우리 시인이 되자꾸나

서시

윤동주

죽는 날까지 하늘을 우러러
한 점 부끄럼이 없기를
잎새에 이는 바람에도
나는 괴로워했다.
별을 노래하는 마음으로
모든 죽어가는 것을 사랑해야지.
그리고 나한테 주어진
길을 걸어가야겠다.

오늘 밤에도 별이 바람에 스치운다.

인교야, 아버지가 어릴 적에 읽은 시 가운데 한 글자도 틀리지 않고 외울 수 있는 시란다. 오늘이 있기까지 참을 수 없는 아픔도 많았지만 참을 수 있도록 나를 지켜 준 시란다. 늘 내 곁에서 용기를 준 시란다.
　인교야, 너도 좋아하는 시 한 편 있겠지. 만일 없으면 아버지가 좋아하는 윤동주 시인의 '서시'도 좋고, 아버지가 쓴 시 가운데 마음에 드는 시 한 편 있으면 가슴에 묻어 두려무나. 살아가면서 힘들 때나 나쁜 마음이 들거든 그 시를 마음 속으로 외워 보렴. 좋은 시는 사람의 마음을 움직이는 큰 힘이 있단다.

아버지가 시를 쓰는 까닭은 삶을 가꾸기 위해서란다. 마음이 흔들릴 때마다 '정직하게 살아야지. 어릴 적 착한 마음을 잃어버리지 말아야지.' 생각하면서 시를 쓴단다. 아버지 스스로 삶을 잘 가꾸어서 다른 사람들의 마음을 움직일 수 있다면 좋겠지만, 그건 쉽지가 않단다. 사람의 마음을 움직인다는 것은 쉬운 일이 아니지.

욕심인 줄 알지만 아버지는 사람의 마음을 움직이는 시를 쓰고 싶어. 너도 친구들의 마음을 움직이는 시를 써 보면 좋겠구나. 아버지가 쓴 시랑 네가 쓴 시랑 나눠 읽기도 하고 서로 고치고 다듬고 마음을 나누다 보면 좋은 시를 쓸 수 있겠지. 남이 쓴 시를 읽고 느끼는 것도 좋지만, 스스로 시를 쓰고 마음을 가꾸는 것도 썩 괜찮은 일이라고 생각해.

일하는 아버지가 쓴 자녀 교육 이야기

아무리 바빠도 아버지 노릇은 해야지요

2004년 11월 15일 1판 1쇄 펴냄 | 2010년 1월 15일 1판 5쇄 펴냄

글쓴이 서정홍 | **만화** 홍윤표 | **편집** 김성재, 김은주, 남우희, 서혜영, 심명숙, 윤은주
홍보 조규성 | **제작** 심준엽 | **영업** 김지은, 김현경, 백봉현, 안명선, 이옥한, 최정식, 조병범 | **관리** 유이분, 전범준, 한선희
교정 추미영 | **표지·본문 디자인** 최남주 | **분해·제판** 아이 디 | **인쇄** 미르 인쇄 | **제본** (주) 상지사
펴낸이 윤구병 | **펴낸곳** (주)도서출판 보리 | **출판 등록** 1991년 8월 6일 제 9-279호
주소 경기도 파주시 교하읍 문발리 파주출판도시 498-11 우편 번호 413-756 | **전화** (031)955-3535
전송 (031)955-3533 | **홈페이지** www.boribook.com | **전자 우편** editor@boribook.com

ⓒ 서정홍, 2004 | 이 책의 내용을 쓰고자 할 때는, 저작권자와 출판사의 허락을 받아야 합니다.
잘못된 책은 바꾸어 드립니다. | 값 7,500원 | ISBN 89-8428-183-2 03810

이 책의 국립중앙도서관 출판시 도서목록(CIP)은 e-CIP 홈페이지
(http://www.nl.go.kr/cip.php)에서 볼 수 있습니다. (CIP 제어 번호: CIP2004001950)